Les dues ales d'un ocell

CICLÓ 2 / RAIG VERD

Primera edició: 1500 exemplars, març 2025

Disseny de la col·lecció: Tono Cristòfol
Producció editorial: Javier Castillo
Correcció: Joaquim Toset i Pepe Arabí

Publicat per Raig Verd Editorial
Mallorca, 221, sobreàtic, Barcelona 08008
www.raigverdeditorial.cat
[bsky] @raigverd   [ig] @Raig_Verd

ISBN: 978-84-10487-74-1
Dipòsit legal: B 5533-2025
THEMA: DNL, CFP

Impressió: Cevagraf
Imprès a Catalunya - *Printed in Catalonia*

MIXT Paper FSC FSC® C172067

Aquest producte està fet de material certificat FSC® i un altre material controlat

LLEGIR EN CATALÀ

Les dues ales d'un ocell

Conversa a tres sobre la traducció

Dolors Udina,
Mireille Gansel i
Antoni Clapés

Epíleg de Montserrat Bacardí

Raig verd
editorial

Íncipit

Després d'haver treballat, per separat i conjuntament, en la traducció d'alguns dels nostres textos —la Dolors amb *Traduir com transhumar* (publicada el 2021); la Mireille amb els poemes en català del Toni que integren el recull *Et le soleil dans ta main* (2022) i *Entre nature et rêve* (2023); i el Toni amb l'antologia de poemes de la Mireille, *La llàntia de l'espera* (2021)—, ens ha semblat interessant reunir les nostres reflexions sobre la traducció. És a dir, després de la pràctica, el pensament: reflexionar què és el que hem trobat a la platja després de la tempesta d'idees que han representat els treballs respectius.

Hem començat aquest assaig d'interpretació de què significa per a cadascun de nosaltres el fet mateix de traduir perquè creiem que l'experiència

de reflexionar conjuntament sobre la traducció té un innegable interès: són tres punts de vista diversos que corresponen a tres actituds, motivacions i propòsits diferents enfront de la traducció que conflueixen en un mateix amor per aquest treball intel·lectual tan imprescindible.

Al llarg de tres anys, hem conversat a Lió, a Barcelona, a Ceret; i a través del correu durant l'any 2023. Finalment, una recent i breu estada al CITL d'Arles, de Provença, ens ha permès tenir el temps i la serenitat per acabar de posar en ordre els papers.

El resultat, el teniu a les mans.

Dues roses grogues

Mireille. Aquesta vocació de la traducció, Dolors, com et va arribar? Com hi vas arribar?

Dolors. D'entrada diria que el que em va portar a traduir van ser les ganes compulsives de llegir-ho tot. Des de molt jove tenia la por infundada que els llibres se m'acabessin i no em quedés res per descobrir. Ja una mica més gran, quan vaig posar-me a estudiar formalment l'anglès, se'm va acudir que la millor manera de passar-me la vida llegint era reescriure els llibres que llegia... El que més m'agrada de la vida és tenir un text entre mans i buscar què amaga, esbrinar què em pot dir de la realitat una obra escrita en una altra llengua. Per a mi és difícil separar la traducció de la vida.

A través de cada llibre que tradueixo, del viatge que faig per comprendre les paraules de l'autor,

per saber què el fa escriure com escriu i com puc integrar-ho i fer-lo ressonar en la meva llengua sense perdre tot el que aporta, he anat trobant una manera d'habitar el món. Em sembla apassionant la idea paradoxal de trobar-se un mateix precisament quan s'intenta esdevenir algú altre. Transformar-se fent camí. No m'imagino millor manera (a banda de llegir) de satisfer la curiositat intel·lectual per conèixer la profunditat i les possibilitats de la vida al món.

Podria explicar-me a mi mateixa escrivint obra pròpia, és clar, però crec que aprenc molt més buscant les respostes a preguntes que no he arribat a formular en el que han escrit els altres, cercar-les aprofundint al màxim en el sentit de les paraules que diuen i de les que no diuen. Tinc la impressió que traduint un llibre el tornes a posar en moviment, que continues el procés de qui l'ha escrit.

M. «Continues el procés de qui l'ha escrit»: potser aquí coincideixes amb la trama del llibre *Nevermore* de Cécile Wajsbrot?

D. No ben bé. El cas de *Nevermore* és extrem, perquè el que fa Cécile Wajsbrot no és tant aprofundir en la traducció d'un text donat com escriure un nou llibre en el qual comenta l'enfocament que va fent de diferents paràgrafs de la traducció al francès de *To the Lighthouse* de Virginia Woolf. És a dir, continua el procés fent un llibre diferent. Jo em refereixo a la idea de continuar el procés de l'autor en el llibre mateix: l'autor escriu el llibre i arriba un moment en què el creu acabat; i és llavors quan ve el traductor i repensa el llibre, el reescriu i continua pensant com dir el que vol dir.

Antoni. Després de tants anys de convivència, Dolors, sé de veres que la teva gran passió intellectual —si podem dir-ho així— és la traducció; i que aquesta reescriptura de textos no és un simple guanyapà sinó que les hores de cada dia, de cada any, les ocupa un treball que et fascina i que t'omple la vida espiritual. Hi ha dies que soc conscient que et trobes en un trencacoll en algun punt d'una traducció, perquè noto que tens la ment en una altra banda, ocupada en alguna qüestió nova, diferent, que se surt del quotidià.

Aleshores, restes com abduïda per la nova qüestió que se t'ha presentat, i fins que no la resols, la vius intensament dins teu. Has dit que, en realitat, eres una lectora que has esdevingut traductora. I, certament, llegeixes tot el dia, en privat o en públic. Omples la teva vida amb la lectura: de vida, de literatura; que són una i la mateixa cosa.

D. Sí, la veritat és que amb el pas dels anys he arribat a apassionar-me tant per tot el que trobo que em dona el fet de traduir, per les portes que m'obre el món de cada autor i les possibilitats de coneixement insospitat, i per tant de renovació vital, que podria dir que és una part essencial del meu estar al món. M'agrada una frase que vaig llegir en un llibre de Lluís Duch: «Si viure és parlar, i parlar és traduir, resulta evident que viure és traduir». Potser no es refereix ben bé a traduir llibres i textos, però en tot cas em va molt bé per definir-me. I tu, Mireille, com va començar la teva relació amb la traducció?

M. *Viure*. Dius aquest mot essencial, viure; sí, la vida, és aquí on la traducció troba el seu origen.

La traducció, per a mi, potser com una història d'amor, és una passió vital, del temps d'aquesta infància que es conserva tota la vida.

Em porta a Budapest, travessant el Danubi pel Pont de les Cadenes —Lánchíd— fins a la petita florista, i allà buscar les paraules per demanar *dues roses grogues* i pujar la vella escala fins a la porta d'Imre i Térike, i allà cercar les paraules i les llengües per explicar-nos les nostres vides…

I també, enfilar aquell carrer sobre el Turó de les Roses de Buda, on es troba el jardí d'infància que porta el seu nom, Lóczy, on eren acollits tots els petits sense mare, i per tant sense llengua materna i, cada vegada, sentir i mirar meravellada, durant hores, l'atenció que la puericultora dedicava als balbuceigs dels més petits, als quals responia, amb una escolta màxima envers l'altre, instaurant un diàleg més enllà dels mots; la meravella de veure un ésser tan petit néixer en la seva pròpia llengua, una llengua on néixer ell mateix...

I traduir per a mi potser és això: posar-se en camí, franquejar els ponts, buscar en les llengües paraules que transmetin bellesa, compartir coses essencials, vitals. I aquesta escolta de l'altre, en

una llengua comuna, una llengua més enllà de les paraules.

Sento tanta proximitat, tanta passió comuna en la relació que teniu tots dos amb la traducció, vull dir, amb la vostra manera de viure la traducció. Toni, per a tu quan i com va començar aquesta gran aventura de vida, de creació?

A. Jo vaig començar a traduir (poesia) fa molts anys, gairebé sense voler. De molt jove vaig gosar ser poeta, i un dia, de sobte, em va semblar que, a part dels poetes clàssics i coetanis en llengua catalana, que feien part natural de la meva tradició, necessitava conèixer poetes d'altres llengües. Aviat en vaig descobrir de francesos i italians que m'interessaven i em seduïen, i van començar a ser els meus «mestres». Em penso que aleshores tenia uns quinze o setze anys, just en entrar a la universitat, per estudiar... Economia!

No traduïa per cap utopia literària, ni tan sols sabia que pogués haver-hi cap metodologia, ni molt menys pensava que traduir podia ser una professió. Simplement, traduïa aquells poetes

perquè m'ajudaven a anar-me polint, m'ajudaven a definir una poètica pròpia; sovint perquè eren poetes d'una escriptura complexa o obscura, i també perquè era una manera d'anar aprofundint en el coneixement de les seves llengües.

El francès el vaig aprendre al col·legi. Després en parlarem, d'aquest coneixement que se'n pot dir domèstic; quant a l'italià, aviat vaig tenir tirada a llegir els poetes italians de l'*ermetismo* (Quasimodo i Ungaretti, sobretot) i, quan el meu germà Lluís, ceramista, se'n va anar per uns quants anys a estudiar l'ofici a Faenza, ell i jo solíem parlar i escriure'ns en italià. I em portava llibres que jo li demanava.

M. Era per amor als poemes?

A. Sí, era una qüestió d'amor personal envers la poesia i envers aquests poetes; reescriure'ls —que això era per a mi la traducció— me'ls feia estimar i sentia que així me'ls feia meus. Al darrere d'això no hi havia cap altre interès. No es tractava de dir «ara traduiré Char i miraré de publicar-lo». No, no era això, perquè el que més m'interessava

en aquells anys era la meva pròpia obra. Jo anava escrivint la meva poesia, i al mateix temps feia créixer la meva tradició, que volia impregnada de mirades de part forana, estrangeres.

Era un treball personal, íntim, que no sortia cap enfora. Els poemes traduïts els guardava en els mateixos calaixos que els textos propis: ara em pregunto si, inconscientment, no devia ser una manera de dir-me que era «obra pròpia». M'agradava recitar en veu alta els poemes traduïts per sentir les sonoritats diverses, el *to* de cada poema, què em deia, alternativament, en català i en la llengua original: certament m'adonava que es tractava de poemes diferents, tot i que volia que diguessin el mateix.

Vaig comprendre també que l'escriptura poètica sempre és traducció (d'emocions): l'important, doncs, era resseguir i traslladar aquest fil invisible i mirar d'equilibrar els mots i els silencis que fan la música de la poesia.

En un moment donat vaig adonar-me que la poesia m'havia pres pel braç i que ja no m'abandonaria mai més. No podia ni puc viure sense la poesia. I traduir-la, de fet, ha estat la manera més

profunda de llegir-la, de fer-me-la meva. La pròpia i la dels altres.

Traduir, en definitiva, ha fet i fa part de la meva escriptura poètica. Igual que publicar-la. La tríada prodigiosa: escriure, traduir, publicar poesia.

D. Què creus que t'aporta la traducció en el teu paper de poeta, que és la teva «professió», o més aviat dedicació, principal? És una mena d'entrenament per fer els teus poemes o és una manera d'aprofundir en l'idioma propi i d'afegir coneixement literari en general a la teva vida?

A. Per a mi, la traducció (generalment, he traduït poesia, encara que també he fet narrativa i assaig) era i és un treball d'aprofundiment, de cerca, de comprensió, d'investigació, de música, d'assaig: es tracta de llegir i de dir els poemes d'altri amb els meus mots, de comprendre què hi ha rere un vers, un poema; com si diguéssim, quin és el seu rerepaís. Fer meus els poemes, i (re)fer-los en la meva llengua i, sense cap voluntat de transcendència, incorporar-los a la literatura catalana.

El 1964 vaig conèixer, per atzar, el llibre que Selecta havia publicat tres anys abans, una *Obra poètica* (traduïda per J. M. Bordas) de Salvatore Quasimodo, que aleshores tot just acabava de guanyar el Nobel (1959), i que encara havia de publicar altres llibres abans de morir el 1968. Aquell llibre va resultar fonamental en la meva existència, personal i com a poeta, per bé que, de vegades, en aquella traducció trobava alguna cosa que no m'acabava de convèncer; el llibre només tenia la versió catalana i per això em calia confrontar la traducció amb els textos originals. Quan vaig tenir l'obra en italià, vaig poder submergir-me en la pregonesa amb què Quasimodo reflexiona sobre la vida, sobre el seu significat complex, sovint misteriós i enigmàtic, sovint obscur, a través d'una escriptura gairebé mística dita amb un llenguatge que volia reduir-se a l'essencial. I escriu:

Cadascú està sol damunt el cor de la terra
ferit per un raig de llum:
i de sobte es fa de nit.

Va ser un veritable *coup de cœur*! Vaig començar a (re)traduir-lo, i aleshores em vaig adonar que em calia aprofundir, també, el meu coneixement del català per arribar al mot just amb el qual dir «gairebé el mateix»...

Naturalment, tot aquest esforç lingüístic i conceptual era una manera de millorar els meus propis poemes: descobria i em descobria, tot avançant per un territori ignot, que anava conquerint pam a pam. Pensava que calia intentar atansar la poesia i la reflexió filosòfica i fer-ne una manera única de dir. Maria Zambrano ho sintetitza quan parla de la insuficiència de la racionalitat per dir el món: només la intuïció poètica, amb els seus esclats de llum, pot expressar allò inexpressable; la «raó poètica» n'és el «mètode». Amb l'expressió *pensiero poetante,* Giacomo Leopardi va enunciar d'una manera quasidefinitiva allò que jo cercava.

M. Escoltant-te em ve la imatge d'un gresol on es fonen els metalls preciosos: la veu d'un poeta que tu descobreixes i la teva veu en vigília; aquesta dualitat com a essència del teu cant; i l'essència de

la traducció, per a tu, com un diàleg en mirall i en eco, imatge i altres veus que et revelen la imatge i la veu dins teu. Aquesta trobada primera, com iniciàtica, de Quasimodo a través d'una traducció que inaugurarà la teva cerca del mot just, el que sona just en tu i dins teu.

A. Sí, perquè altrament m'era impossible entendre l'essència de la poesia de Quasimodo... (i de la meva!). I dic Quasimodo, perquè tot va començar aquí, però immediatament vaig passar a traduir d'altres poetes per anar investigant nous camins i cercar nous registres poètics: per exemple, Char, Reverdy, Jabès, Ungaretti. D'alguna manera, aquests poetes (i altres, en llengua espanyola, com Guillén, Valente o Juan Ramón Jiménez) feien part de la meva vida, m'hi sentia reflectit, em semblava que confluíem, no pas perquè em marquessin el camí a recórrer, sinó que les diverses i diferents poètiques eixamplaven el meu món...

Un salt qualitatiu important es va produir en mi quan, més endavant, vaig descobrir Hölderlin, «el poeta del poeta». L'havia llegit en

traduccions al castellà, que em resultaven feixugues, àrides, llunyanes: m'era difícil *fer-me meu* aquell poeta que m'atreia tant pel seu desarrelament i desacord amb el món, pel desassossec, com per la manera d'enfrontar-se a la pèrdua de les seguretats. I també per la pruïja en la constant indagació d'obrir noves maneres de dir.

A través d'aquelles traduccions —per a mi, inadequades—, vaig esdevenir un fidel lector seu. Més tard, les traduccions de Manuel Carbonell (*Poemes de l'entenebriment* i *Himnes*), de Ricard Torrents (*Hipèrion*) i de Jordi Llovet (*L'Arxipèlag, Hiperió* i *La mort d'Empèdocles*) em van fer entreveure un univers insospitat. Com m'havia passat abans amb Leopardi, va ser un retorn a «abans de Plató»: la poesia com a llenguatge de la filosofia, del pensament. Les traduccions al català m'apropaven de debò als moments sublims de bellesa —o de foscor aparent— i m'obrien les portes al món reclòs del poeta. Sovint em feien sentir com si acompanyés l'ebenista Zimmer a la torre de Tübingen. (Jo, però, acollia el poeta en la meva casa mental: és a dir, Hölderlin habitava —i habita— *en mi*. L'escarni i l'aïllament que

el poeta va haver de sofrir durant els llargs anys de reclusió a la torre de Tübingen el van empènyer a fer-se una vida apartat del món. El mateix ebenista va declarar: «Ell mai no va dir a ningú que li manqués res: de fet, no li calia res de res; és l'*excés* que tenia qui el va foraviar».) I penso que la *lucidesa* d'un entenebriment, d'un exili mental, de saber-se *fora de lloc,* que van ser l'única manera de sobreviure en un món hostil, tancat, on els ideals de canvi s'havien esvaït del tot. Hölderlin era, és i l'hem de sentir com el nostre contemporani.

Copio un dels seus darrers poemes, que dedicà a Zimmer, i que crec, literalment, esplèndid: sens dubte mostra que la poesia, com la traducció, és una de les formes de l'hospitalitat: acollir l'*altre* com un deute reparador, com un indret serè i reclòs on reposar:

Diverses són les ratlles de la vida,
com els camins i les carenes de les muntanyes,
el que aquí som, un Déu allà pot contemplar-ho
amb harmonies, paga i pau eternes.

I, com que parlem de traducció, no puc passar per alt que Hölderlin va fer traduccions d'alguns clàssics grecs (les *Odes* de Píndar, o l'*Antígona* i l'Èdip, de Sòfocles) que es consideren modèliques.

«Volar com Píndar», escriu mentre en tradueix les odes, no pas amb l'ànim de publicar-les sinó per servir-se'n com a model, «per seguir sempre, amb l'agosarament més gran, l'entusiasme excèntric que no li era permès al poeta».

D. Abans has dit que t'era impossible «entendre» l'essència de la poesia si no la traduïes. Interpreto que et refereixes a «viure-la», a experimentar el poema amb les teves pròpies paraules.

A. Sí, la poesia (la pròpia i la dels altres) s'ha de viure amb intensitat, has de deixar que t'interpel·li, que et qüestioni. Que t'emocioni. No pots llegir *Acqua e terre* de Quasimodo com aquell que llegeix la premsa. Cal que els treballis, els poemes, cal que et facis «professional» d'aquella obra. Sovint he dit que, en el límit, hom hauria de traduir només un llibre (de poemes) al llarg de tota la vida: *transformar-se* en aquell llibre, esdevenir

aquell llibre, per poder-lo capir en tota la seva intensitat, saber-ho tot sobre aquella poètica.

És aquella idea tan poètica del final de *Fahrenheit 451*, de Ray Bradbury, quan els lectors han de viure marginats al bosc i cadascun esdevé memòria viva d'un sol llibre.

D. Em crida molt l'atenció, Mireille, tant pel que has dit abans que t'evoca la traducció com pel que vaig poder observar traduint *Traduir com transhumar*, que per a tu tot remet a la infantesa, com passa sovint en autors, normalment jueus, que heu viscut una tragèdia de petits: morts, exilis... Em commou aquesta significació vital de la infantesa, que potser en el meu cas, per haver-la viscut sense traumes profunds, amb més o menys felicitat, no li sé veure aquesta força fundacional. És una manera d'estirar el fil d'un mateix, d'explicar-se, que em commou del tot.

M. Aquest comentari tan emotiu em ressona profundament, és fonamental, com les fonts d'un riu, les arrels d'un arbre... Sento aquestes paraules, «trauma, morts, exilis», i, mira, penso

que el coratge dels nostres pares ha prevalgut sobre la precarietat de la nostra infantesa, i transmetre aquesta part de llum és per a mi com una tasca sagrada.

Sens dubte també per a tu, en la zona entre marees de la teva infantesa, hi ha aquests sediments, traces, empremtes de la teva vocació. Potser el fet d'haver nascut entre dues o en dues llengües, haver descobert de petita els llocs interiors on el català t'ha parlat íntimament...

D. Sí, és clar, segur que hi ha moments fundacionals. Quan era petita vivia en una barreja constant i inconscient de català i castellà. Encara que la llengua familiar era el català, a l'escola tot era en castellà i estava oficialment prohibit parlar català, tot i que la norma era laxa (som ja als anys seixanta) i entre les alumnes en general parlàvem català. L'educació a l'escola era eminentment catòlica, de missa diària, no exagero, i de rosari diari (en castellà). Quan alguna vegada la família ens portava a missa en dies assenyalats al convent de les benedictines, a Sant Pere de les Puel·les, tot era en català. Sentir les epístoles, els sermons i els evangelis

en català em va fer adonar d'un canvi en la manera d'escoltar, descobria contínuament una manera més propera i menys encarcarada de dir les coses, amb paraules carregades de sentit que no sentia a la vida quotidiana, i hi veia una riquesa lèxica que no tenia res a veure amb el llenguatge religiós que em semblava caduc, un castellà ranci que no em provocava absolutament cap interès. (Quan molts anys després vaig traduir *El Silmaríl·lion* de Tolkien, amb el seu llenguatge gairebé bíblic, vaig recordar aquella fascinació per les paraules de formacions naturals que havia de traslladar al català, sobretot de rius, brolls, deus, fonts, aiguaneus, ulls, etc.)

M. I quina és, Toni, la teva relació íntima amb la llengua catalana com a base de la teva identitat profunda?

A. Jo vivia en una ciutat (Sabadell) en què el català era la llengua corrent, contaminada d'espanyol, almenys en els ambients que jo freqüentava. A l'escola, naturalment, les assignatures es feien en espanyol, però nosaltres, els alumnes, ens relaci-

onàvem sempre en català: al pati, pels passadissos, pel carrer... L'espanyol era una anomalia que acceptàvem perquè tot era tan fosc i trist que ja no venia d'aquí. A l'església del col·legi, la litúrgia era en català, i llegíem els evangelis en les traduccions catalanes de la Bíblia de Montserrat, que eren i són modèliques. Era, també, una forma d'aprendre la nostra llengua: un aprenentatge que el feixisme ens havia manllevat.

De fet, no va ser fins a l'adolescència que em vaig adonar d'aquesta anomalia. La meva llengua era el català, i oficialment estava prohibida. Aleshores vaig començar a prendre consciència que aquella llengua minoritzada, menyspreada, reprimida, feia part de la meva identitat, i jo feia part d'un col·lectiu expatriat. D'aquí va néixer la consciència política, la profunda convicció que escriure en català no solament era la meva manera d'habitar el món, sinó que feia part d'una lluita contra la dictadura.

Quan vaig començar a gosar escriure poesia, mai no em vaig plantejar en quina llengua ho havia de fer. Per bé que la literatura i la llengua catalanes eren bandejades de l'ensenyament, com ja

he dit, en mi la llengua era viva. I, per tant, crec que no sabria, no podria, escriure la poesia en una altra llengua que no fos el català. Tampoc no sabria traduir la poesia d'altres a una altra llengua que no fos la meva pròpia. Per a mi, la llengua de la lírica és el català... Crec que tothom, quan llegeix poesia, llegeix en la llengua pròpia, única, la que qualifiquem de llengua materna, però que en realitat és la llengua en què somiem.

Per a mi, la poesia té un *dring* interior massa potent que només puc sentir en la meva llengua. Puc entendre poemes escrits en altres llengües (per exemple, en espanyol, llengua propera, però que no és la meva), mes haig de passar els poemes pel sedàs del català per sentir que, interiorment, els poemes em *toquen*.

M. Pensant en la importància de la llengua pròpia, em venen al cap aquelles línies patètiques que Stefan Zweig, des de l'exili a Londres, va escriure a Romain Rolland l'11 de maig de 1938: «Necessito la força moral per no afeblir-me ni fatigar-me: la nostra sort literària és cada dia més precària. Per començar, la pèrdua de la llengua

alemanya: la idea d'escriure únicament per a les traduccions». Deixar d'existir com a escriptor i només ser traduït, ell, que exactament cinc anys abans, el 10 de maig de 1933, escrivia a Romain Rolland: «Estimat amic, et responc avui 10 de maig, jorn de glòria en què els meus llibres cremen a la pira de Berlín davant de la universitat». A partir de llavors, la traducció és com l'ombra present d'una llengua que té prohibida l'existència. I fins al lloc més remot del seu exili al Brasil, a Petrópolis, d'on, el 4 de febrer de 1942, en una de les darreres cartes a Frederike, li diu: «El país encara no està afectat per la guerra, només hi ha algunes restriccions per a les potències de l'Eix, i els estrangers tenen prohibit parlar italià o alemany en llocs públics i imprimir res en aquestes llengües». En aquestes frases personals, l'anglès ocupa el lloc de la llengua pròpia al nivell més íntim. En aquest cas, l'autotraducció com a autodestrucció. El 22 de febrer de 1942, li escriu la darrera carta de comiat, en anglès.

Al caire del mapa

M. Em vas dir, Dolors, que la teva primera traducció va ser *L'amic retrobat*?

D. No, la primera, de fet, va ser *L'ampla mar dels Sargassos,* de Jean Rhys, una autora nascuda a la República Dominicana que, després de llegir *Jane Eyre* de Charlotte Brontë, on surt aquella dona boja que tenen tancada a les golfes, va voler explicar la seva versió de la vida de les hereves de terres de les illes caribenyes a les quals casaven amb joves anglesos i havien d'abandonar la vida acolorida i natural de les seves illes per anar a viure a una Anglaterra grisa i anònima on prenien consciència que la «mare-pàtria» no era el que els havien fet creure. El llibre, escrit en un anglès de frases curtes i contundents, em va impressionar molt. Per traduir-la, vaig llegir tots els seus

llibres, d'una tristesa profunda relatada amb una sensibilitat commovedora. Em sembla una autora de primer ordre.

M. I quin va ser l'impuls que et va portar a traduir?

D. Feia temps que pensava que traduir era un ofici fantàstic, perquè m'agradava molt escriure però no tenia una necessitat d'explicar coses meves, ni suposo que prou imaginació per escriure ficció. No sabia ben bé com fer-ho, no coneixia ningú que es dediqués a traduir, però la sort va fer que em trobés un dia una traductora, que treballava per a una petita editorial i em va posar en contacte amb els editors (de Columna). Els vaig anar a veure i en vaig sortir amb l'encàrrec de traduir *Wide Sargasso Sea*. Ara em sembla molt agosarat haver començat amb un llibre tan mític, però és com es feia en aquell temps (mitjan anys vuitanta), quan encara la traducció no havia entrat a l'acadèmia: s'aprenia a còpia d'errors. Va ser la meva primera traducció i crec que allà va començar la meva vocació, per no dir la meva passió. Hi ha una cosa que solc fer quan tradueixo un llibre, que és llegir

tot el que trobo sobre els escriptors que tinc entre mans, entrevistes i textos en general, i m'agrada molt escriure sobre el que descobreixo, però sempre des del punt de vista de traductora, anar del concret al general, com si diguéssim.

A. Escriure una novel·la no és la teva feina, però escriure sobre la teva feina, després d'haver fet unes dues-centes traduccions, sí que t'entusiasma. Pel que jo sé, hi ha deu o dotze autors que t'han commogut especialment i que són importants en el context de la literatura anglòfona. Cada autor que descobreixes, a través de la traducció o de la lectura (que potser després et durà a la traducció) és una epifania literària, un goig. I ara em venen a la memòria els noms de J. M. Coetzee, Alice Munro, Ali Smith: escriptors dels quals has traduït molts llibres i que t'han obert perspectives impensades. Per no citar Virginia Woolf que, amb la traducció de *La senyora Dalloway*, va fer que traspassessis una porta que t'ha conduït a un món literari majestuós, un camp fèrtil que et permet treballar aquesta autora molt més enllà de les traduccions que n'has fet.

M. És la base del teu treball de traductora: aquest diàleg amb l'altre, deixar-se informar per l'altre, reconèixer l'alteritat.

D. Sí, és ben bé mirar d'entendre l'altre, d'aprendre. De fet, és el que fem llegint, que algú ens explica el que viu, el que veu, però quan tradueixes no només l'has d'escoltar sinó que t'has de posar a la seva pell per tornar-ho a dir en el teu idioma, i això vol dir estar atent als silencis, al que diu i al que hi ha més enllà de les paraules.

A. Desgraciadament, però, la feina és tan absorbent i ets tan perfeccionista que et queda poc temps per explicar què és el que has fet. I és una llàstima, perquè els treballs previs i posteriors a aquestes traduccions tan dificultoses podrien ser un magnífic exemple de llibre d'experiències literàries.

D. Sí, quan et dediques a traduir i se t'acumulen els encàrrecs, no tens gaire temps per reflexionar sobre el que has fet a cada llibre. El problema, a part del fet que guanyar-te la vida com a traductor

exigeix fer molta feina, és que també és molt difícil dir que no a una proposta de traducció, sempre tens la sensació que el llibre que et proposen pot ser definitiu.

M. Definitiu?

D. En el sentit que potser aquest llibre et farà veure o t'ensenyarà alguna cosa molt important que no trobaràs enlloc més, un llibre que et dirà moltes coses. Que aprendràs alguna cosa vital.

M. És com si dius que no et ve de gust conèixer algú i penses que potser podria ser una bona amistat.

D. Sí, és el que deia abans de la idea de continuar com a traductor el procés d'escriptura que l'escriptor ha començat i que després acaba el lector. La idea d'interpretar la proposta de l'original. M'agrada molt la idea d'Ali Smith, una de les escriptores fonamentals en aquesta etapa tardana de la meva carrera, que diu que un llibre

no entra a la literatura universal fins que no ha estat traduït, és a dir, repensat i reescrit.

A. Si ho he entès bé, això vol dir que la teva traducció continua el procés d'escriptura que ha començat Ali Smith, però em pregunto si el procés d'escriptura d'Ali Smith no és la continuació d'altres que l'han precedida. És a dir, que tot ajuda a confegir el llarg procés del que en diem la tradició.

D. Sí, és especialment així en el seu cas, que sempre parteix explícitament d'altres llibres, d'altres autors: Dickens, Shakespeare, Keats, Mansfield... La seva literatura, tot i ser sobre l'actualitat, incorpora la tradició i la continua. I, traduint-la, continuem el procés de transmissió.

M. Com més es tradueix un llibre, més el fa viure cada traducció. Em fa pensar una mica en el fet d'escriure cartes, que sempre tens alguna cosa a respondre o afegir. Per a mi, escriure un poema, un text, des que tinc memòria, ha estat com escriure una carta. Potser per afinitat amb el que

va escriure Martin Buber en el seu llibre *Jo i Tu*: «Al començament hi ha la relació [...] L'home esdevé un Jo en contacte amb un Tu».

Un dia, a Hanoi, el poeta Chế Lan Viên em va portar un quadern escolar, amb les pàgines quadriculades, on m'havia transcrit perquè les aprengués, totes les formes musicals, rítmiques, dels versos vietnamites i, a manera d'epíleg, havia escrit aquests dos mots: *thu - tho'* i, a sota, el mot francès equivalent del primer, *lettre* (carta), i del segon, *poésie*.

A. Això em fa pensar en els *renga* japonesos, que consisteixen que algú comença escrivint un haiku i l'envia a un altre poeta perquè hi afegeixi dos versos i formi una tanka. Al seu torn, aquest darrer envia la tanka a un altre poeta juntament amb un nou haiku (essencialment sortit del poema anterior), i aquest altre poeta hi afegeix dos versos i crea una nova tanka, etc., fins a completar un encadenament d'estrofes que és una poètica col·laboradora. Els més grans poetes japonesos (Bashô, Sôgi, Sôchô, etc.) han fet *renga* molt bells seguint les regles que obliguen a parlar de

la natura, del cicle de les estacions de l'any, de la lluna, de l'amor... Aquesta manera d'actuar s'assembla al treball que he fet amb altres artistes en projectes comuns. Per exemple, amb Alícia Casadesús —amb qui he treballat en nombrosos projectes des de fa molts anys—, la nostra manera de treballar podríem dir que s'assembla al procés dels *renga*. Com que vivim força lluny l'un de l'altre, no és fàcil treballar físicament plegats. Sempre hi ha un punt de partida, un motiu que desencadena el projecte que s'assembla al procés de treball entre John Berger i l'artista John Christian. Quan aquest demanà a Berger quin projecte podien fer a continuació, Berger li respongué: «Envia'm un color». L'artista li envià una mostra de roig cadmi, i així es desencadenà el procés creatiu, en un diàleg en què els dos participants s'intercanvien els progressos del projecte.

En el nostre cas, de vegades l'Alícia m'envia una idea o un text en què m'explica un passeig pel bosc, i jo, en resposta, li envio un poema o un fragment (i ella n'extreu, potser, un mot, un so, una melodia) i comença a treballar. Al cap d'un temps —el temps *no* compta en els nostres

projectes— m'envia les imatges que li ha suggerit la meva tramesa. I així, en una creació circular, fins que ens sembla que hem exhaurit la investigació.

Per il·lustrar una mica el procediment amb què treballem, copio un tros del diàleg amb el qual va començar un projecte de quatre anys que en vam dir *Microgrames*:

Dilluns, 17 de juny de 2013

Estimada Alícia,
Ja he començat a treballar. De moment, tot és assajar i pensar quina «forma» serà la més adequada, quins materials faré servir; com convertir les imatges en textos...
Una abraçada,
toni

Dilluns, 9 de setembre de 2013

Estimada Alícia,
He estat treballant en aquests fragments que ara et passo, per començar. Digue'm, sisplau, si et sembla que anem pel bon camí, o haig de virar i retornar a port.
Una abraçada,
toni

[treballar a la frontera, al caire del mapa: l'enigmàtic camí del dir de les paraules, del pensament. Del fer.]

> *[la peça configura un paisatge interior: el silenci crea la forma —el contingut de la forma. La unió amb l'u]*
>
> *…*
>
> *L'Esquirol, octubre de 2013*
>
> *Toni,*
>
> *«Treballar a la frontera, al caire del mapa». Aquest fragment del teu text m'ha fet anar a can Tafura a carenejar paisatges. Enfilada sobre unes roques, miro enllà i ressegueixo la carena de la muntanya fins que la mirada troba la branca. Carenejo la branca fins que aquesta roca toca el núvol. Baixo pel núvol i retorno a la muntanya… Fa vent, molt vent sobre la roca on estic asseguda…*

Tan sols és un mètode, però per a nosaltres, s'ha manifestat com una manera de fer molt eficaç, gens invasiva (envers l'altre), i respectuosa amb el tarannà de cadascú.

M. M'agrada aquesta expressió teva de «poètica col·laboradora». Em fa pensar en *Recosits*, aquest recull teixit amb dues sedes amb l'Alícia: color-dibuix-suport-traç, mot-so-ritme-alè, imatge i altres veus, que et revelen la imatge i la veu en/dins teu: veu dels ulls i veu de la paraula. Treballant en la traducció d'aquests poemes m'he adonat d'aquesta textura, de la compleció, i, fent la traducció sense aquesta presència gràfica, se m'imposava prendre el risc de «traduir» aquesta mateixa absència, l'absència visual d'aquesta seda i l'alè que imprimia en les teves paraules…

D. Potser podríem dir que en la traducció també hi ha una mena de «poètica col·laboradora». La traducció sempre implica la presència d'un altre, de l'autor, només que normalment aquest darrer ja ha acabat la feina i és tasca del traductor reprendre-la. Tu, Mireille, sempre procures traduir el més a prop possible de l'autor original. Per exemple, Reiner Kunze, que si ho tinc ben entès va ser la teva primera aproximació a la traducció, oi?

M. Un dia vaig arribar a casa de Reiner Kunze amb la pregunta de què volia dir exactament *sensible* en el seu poema *Sensible Wege* amb l'únic bagatge de dues o tres experiències fundadores a la Sorbona. Per una banda, l'any de preparació per al concurs de professorat: la jove ajudant que s'encarregava d'aquest curs preparava una tesi sobre Brecht i molt més tard em vaig adonar que, per a mi, el seu ensenyament havia estat el d'aquell rigor, aquell *distanciament* brechtià, aquella exigència del mot despullat de tota ambigüitat.

D'altra banda, feia dues hores per setmana en un curs de traducció de la carrera i allà també vaig aprendre coses que un dia es revelarien fonamentals quan treballava sobre dos poemes: *Nachtgedanken* de Nietszche i *Psyche* de Hofmannsthal. Un simple mot, *rieselnd,* m'ensenyarà a posar-me en camí i partir tota sola a explorar en la jungla dels sinònims i descobrir aquesta eina que no m'abandonarà mai més, el *Grand Robert,* i conèixer una paraula que ignorava, *brasillement,* astorament iniciàtic en la meva pròpia llengua a través d'una altra llengua, una llengua «estrangera», i el professor que em diu: «traduir és la teva vocació», i

tot això per fracassar lamentablement a l'examen. I d'aquest fracàs estrepitós en vaig treure dues lliçons: la primera, l'aprenentatge de la traducció no s'acaba mai, s'ha de posar sempre en qüestió, sempre hi ha aspectes a revisar; la segona, i em van fer falta molts anys per adonar-me de l'abast d'aquesta lliçó: en el text d'examen hi havia la paraula *glühend* referint-se a la sorra sota un sol ardent. Els diccionaris i les sacrosantes llistes escolars de paraules a aprendre m'havien ensenyat un mot mort com una papallona clavada en un suro: *glühen*, equivalent a brillar per una llum que evoca la calor i també l'enrogiment de les brases i, en la meva ignorància de les arrels de vida d'una paraula, en la meva sordesa al murmuri de les seves fonts, sentint això —oh, com me'n recordo!— com una carència del mot just, una falsa nota, vaig escriure malgrat tot *sable rougeoyant* (sorra vermellosa) i vaig ser estigmatitzada pel «contrasentit», amb la nota eliminatòria marcada en vermell. Ironia del destí: quaranta anys després revisaria el recull de Nelly Sachs, *Glühende Rätsel*, del qual el director de Verdier m'havia demanat fer una nova traducció, i vaig traduir el títol com *Enigmes ardents*.

És llarg aquest treball infinit per entendre els matisos ínfims de vida que bateguen en un mot, en la seva història: aprendre a escoltar-ne les vibracions. I després, aquesta presa de consciència, el compromís a partir de l'experiència de no escriure mai més una paraula amb la qual no estiguis d'acord, una paraula que et soni falsa... A part d'això, no vaig tenir mai cap formació especialitzada com la que es fa avui en dia.

D. Jo tampoc no vaig tenir formació de traductora. No vaig estudiar traducció, no existia la carrera en aquell temps. Tot i que havia estudiat llatí i grec i m'agradaven molt les pràctiques de traducció que es feien a classe, em semblaven una cosa que no tenia res a veure amb el món real. Va ser només uns anys després d'haver estudiat anglès, ja gran, que em van demanar de traduir un petit text de l'anglès i em va semblar meravellós poder dir el mateix en la meva llengua. Va ser una mena de descobriment. Fins llavors no havia pensat mai en la necessitat de ser traductora; en aquell moment se'm va encendre un llum. I si em dediqués a traduir? I en vaig aprendre traduint, fent errors...

M. Sempre he tingut la sensació que la traducció és com un artesanat: s'aprèn fent-ho, al llarg del camí, de manera autodidacta.

D. Sí, a traduir se n'aprèn traduint, equivocant-te cada vegada millor. Sempre ens fem la mateixa pregunta: es pot ensenyar a escriure, es pot ensenyar a traduir? Potser la resposta seria que tot el que es pot aprendre es pot ensenyar. Quan feia classes a la Facultat de Traducció, m'adonava que hi havia alumnes que eren bons lectors i ja venien amb la lliçó apresa, que tenien un do especial per escriure, per traduir, però també veia que, a còpia d'exercitar-se, la majoria d'alumnes aprenien què no havien de fer quan traduïen. També és veritat que el consell més clar que es pot donar a algú que vol ser traductor és que cal llegir, llegir i llegir.

A. Jo crec que tampoc no tinc un mètode: tot és pura intuïció, com a autodidacte que soc. Crec que per a cada poeta tinc una aproximació diferent. Rumiant-ho, m'adono que quan tradueixo Jaccottet (un autor amb qui tinc molta afinitat, algú de qui quan llegeixo els poemes penso que m'hauria

agradat haver-los escrit jo), tinc un *approche*. És evident que no podia fer servir la mateixa aproximació amb Duras, amb Quasimodo... o amb Valéry, que té un llenguatge en el rasant entre poesia i filosofia. Les músiques diferents demanen una aproximació diferent.

M. Va ser entrant a la traducció dels versos, les imatges i els mots de Nelly Sachs que, a poc a poc, intuïtivament, la seva poesia em va dictar un a un els quatre quaderns on lentament veuria dibuixar-se la coherència dels quatre nivells de lectura induïts per aquest alè poètic...

I em veig a Hanoi, el primer matí a l'editorial en llengües estrangeres preparant les primeres trobades de treball amb els poetes vietnamites, traçant intuïtivament, en els quaderns que vaig confeccionar amb el primer feix de paper que em van donar, les línies sobre cada pàgina per guiar-me com un nen petit, la línia de dalt per a la primera lectura, primària, dels mots, els del diccionari i del sentit qualsevol, i la línia de baix per als estrats ocults de cada mot, la memòria, l'implícit de tot un imaginari, les aigües subter-

rànies de la poesia en els mots més quotidians.

I veus, Toni, el que arribarà a ser aquest treball de bruixeria sobre la llengua que no hauria pogut fer mai sense aquest acompanyament dels poetes, ells mateixos traductors apassionats. Sí, poesia i traducció, inseparables com les dues ales d'un ocell. Per a mi és l'essència del teu camí, de la teva vida de poeta, i voldria preguntar-te si te'n recordes del primer *coup de foudre,* la teva primera revelació de l'ànima d'un poema, l'ànima d'un poeta que t'ha parlat més enllà dels mots en què estava traduït.

A. Aquest *coup de foudre* sobre el qual em preguntes el vaig tenir *després* de llegir el volum de poemes de Quasimodo de què parlava abans. De fet, feia uns mesos que em rondava «alguna cosa» inexplicable, i ara sé que era la poesia, que ella mateixa ja volia que jo *digués* el meu món, però que el digués d'*una altra manera.* I que era la poesia dita «pura», la lírica en estat primigeni. De manera que, a partir d'aleshores, vaig començar a escriure els poemes que ni jo mateix sabia que m'habitaven, que eren dins meu des de feia

temps, i que només els faltava ser escrits. Perquè un poema comença habitant el poeta, fent-hi niu; després arriba —o no— l'escriptura. El poema ens arriba cada vegada que una experiència ens torba, ens corprèn: és quan «s'esdevé» allò inefable que només podrem dir amb un llenguatge «altre»: el de la poesia.

Temps després, vaig començar a escriure poemes més implicats políticament, perquè no es pot oblidar que vivíem en una dictadura duríssima i el compromís social m'*obligava* a fer una poesia amb matisos polítics. Un text de Quasimodo, *El poeta i el polític*, em va ajudar molt a comprendre que el poeta havia de comprometre's, i que aquest compromís havia de deixar traça en la poesia; però no d'una manera grollera, com ho feia la dita «poesia social» sinó, justament, utilitzant un llenguatge clar que servís per conscienciar el lector.

D. Quasimodo, doncs, i els altres poetes italians, no els llegies en la seva llengua, sinó en traducció?

A. Sí. Llevat de Quasimodo que, per algun motiu molt estrany, s'havia traduït al català a primera hora, els altres els havia de llegir en versions espanyoles (argentines, normalment), que de vegades també contenien la versió original. Aquestes traduccions tenien alguns errors, a parer meu. És per això que em vaig proposar de traduir-me'ls per a mi, per aprofundir en el sentit d'aquella poesia tan fèrtil. Fer-me meus versos sublims, com ara aquests:

Entre una flor collida i una altra donada
l'inexplicable no-res
(Ungaretti)

o

El foc que crepita
en el corriol verdeja
i un aire fosc afeixuga
un món indecís
(Montale)

o

La melangiosa claredat de la tardor
empeny l'onada sobre l'areny, or nocturn,
vincla el profund morat. Neix el vent.
(Luzi)

Treballar amb aquest material segur que em va *fer* com a persona i com a poeta (i també com a traductor —que són una i la mateixa cosa, potser).

D. Veig que parles molt de poesia italiana... però la francesa també t'ha marcat molt, oi?

A. Tens raó. Però, al començament, per influències diverses, jo estava més abocat a la poesia i a la llengua italiana que no pas a la francesa. El francès el vaig aprendre a l'escola, i no està malament el nivell que vaig aconseguir. Però la poesia francesa que aleshores m'arribava era una poesia que no em parlava *a mi*: eren els hereus del surrealisme, i m'interessaven poc per al meu projecte d'escriptura. Més tard vaig conèixer i estimar Char, Reverdy, Jabès i, sobretot, Jaccottet. Em van obrir la porta a la poesia francesa, que era poc coneguda aquí. *Les feuillets d'Hypnos* em

va marcar molt: especialment per aquesta escriptura en la confluència entre el pensament i la mirada poètica. I d'un gran compromís social. Però la gran descoberta va ser Jaccottet, el meu «germà gran» —si se'm permet aquesta exageració, dita amb tot el respecte. I aquest (com Jabès) l'he traduït amb veritable fruïció.

També haig de parlar de la poesia en espanyol, especialment Juan Ramón Jiménez i alguns poetes de la generació del 27, com Lorca, Guillén o Salinas. En espanyol, però, qui em va marcar més profundament van ser San Juan de la Cruz i Valente. Gràcies a ells, i a l'estudi de la mística cristiana, vaig endinsar-me en Eckhart i Silenius, que m'han il·luminat molt, crec.

D. Has conservat aquestes traduccions que havies fet?

A. Oh, tot s'ha anat perdent. El vent de les hores s'ho endú tot, claveguera avall... Com em sembla que ja he dit, mai no em vaig plantejar publicar aquestes traduccions; les feia per a mi, per atrapar l'esperit fugisser de l'envol poètic. Ara

me'n penedeixo, de no haver conservat aquells treballs. Però ja està perdut.

M. Això encaixa amb el que deies, que traduïes per trobar els mots justos en la teva llengua, i em fa pensar en aquest teu poema minimalista:

Místic reflex de la llum morent del capvespre
[damunt la neu —
la casa del silenci.

Sí, el mot just, com es diu d'un codi que és «just», com el mot-codi de la mística del Zohar; com els poetes sufís Attâr i Rumi, l'ànima de la seva poesia, el mot-codi per essència intraduïble, d'on les notes-poemes consubstancials amb què la traductora francesa Leili Anvar acompanya les seves traduccions —mot dipositari d'una espiritualitat, d'una llum— d'aquestes paraules en aparença les més humils, les més quotidianes, com el mot «lloc» del teu poema.

El lloc
és l'escriptura —
l'arrel.

A. També vaig traduir Edmond Jabès, *El llibre dels llibres*. Però sempre vaig pensar que aquell refinament espiritual no voldria publicar-lo ningú. Eren uns temps molt iconoclastes, i tot el que sonava a místic o espiritual havia de foragitar-se. Llavors, a les grans llibreries de Barcelona, no hi cabia gairebé cap llibre d'espiritualitat; si de cas, algun clàssic xinès, potser restes de maoisme mal paït. Ara hi ha seccions senceres, molt ben proveïdes, i ningú no pateix vergonya quan s'atansa a la caixa per pagar i porta uns quants volums de mística...

M. La traducció és inseparable del teu camí de poeta.

A. Sí, quan tradueixo la poesia —per exemple, de Philippe Jaccottet— és com si sentís que ell és darrere meu i que em va dictant en veu baixa les paraules del seu poema en francès però jo les

sento en català, i aleshores escric el poema… ja traduït!

M. Per llegir millor amb les teves paraules.

D. De fet, quan llegeixes, les paraules que hi ha sobre el paper entren al teu món. Tant llegint com traduint et submergeixes en un espai privat, et trobes en un món propi encara que sigui d'algú altre. Potser la diferència entre llegir i traduir és que, després de llegir un text, un cop l'has integrat a la teva persona, l'has assimilat, has d'expressar-lo amb les teves paraules, has de triar. («Cal fer-se autor per traduir, cosa que comporta una gran responsabilitat», diu Maria Negroni en aquells textos sobre traducció d'*El arte del error*.) En tot cas, com diu Maria Zambrano, triant ens triem. En la tria, el traductor hi és present i es converteix en escriptor. Tot el que escriu passa a través seu. Quan llegeixes un text, tens al darrere els fantasmes i les nebuloses de les altres lectures que has fet. Encara que les paraules siguin de l'autor, tradueixes amb l'obscura consciència que ets tu mateix qui escriu en el moment que estàs

vivint, i aquesta transitorietat no deixa de ser un testimoni.

M. Dolors, quan tradueixes un autor, busques algun escriptor en català que t'ajudi?

D. Normalment, quan estic traduint (que val a dir que és sempre) procuro llegir en català el que sigui, agafo qualsevol llibre de la prestatgeria i vaig fent descobriments d'autors, com per exemple, darrerament, la Maria Dolors Orriols d'*El riu i els inconscients,* un llibre dels anys cinquanta d'una autora totalment oblidada que m'ha semblat magistral, tant per l'estil com per la llengua. En alguns moments d'ofuscació, llegir Pla una estona em pot aclarir idees, per la facilitat amb què encadena diferents pensaments i per trobar adjectius, que quan tradueixes de l'anglès tens la impressió que n'estàs molt limitat. També acostumo a tenir a la vora *Vida privada,* de Sagarra, que malgrat que em sembla que pinta un món molt allunyat de l'ara, m'emociona com fa dringar la llengua. I llegir o sentir mallorquins com Biel Mesquida, Antònia Vicens, Blai Bonet... sempre em fa aprendre

paraules noves i maneres de dir. Ara mateix, traduint un llibre del segle XVIII, llegeixo el baró de Maldà per veure com era la llengua que s'escrivia en aquell moment a Catalunya. És clar que jo tradueixo al català d'ara, però em serveix per trobar un equivalent de l'Anglaterra del XVIII i potser per esquitxar el text amb algunes paraules d'època. Busco la manera de fer entrar l'autor traduït en la nostra tradició.

Una cosa que sí que faig sempre, quan ja tinc el llibre una mica avançat i m'he fet una idea personal de l'estil de l'autor, és llegir entrevistes, articles o textos que tinguin a veure amb la seva vida i la seva obra. Això no m'ajuda en els problemes concrets que pugui trobar, però sí que em permet compartir l'experiència que ha viscut, veure cap on va i per què explica les coses com les explica, i així m'hi sento més a prop. Em va passar amb Alice Munro, per exemple, que en els primers llibres que vaig traduir no sabia què pretenia, on volia arribar, i no entenia per què explicava coses tan fosques i desagradables, em semblava molt dura i poc compassiva, fins que vaig llegir/traduir uns fragments d'un llibre en què deia que eren el

més a prop que arribaria a explicar mai de la seva vida real i, veient com es tractava a si mateixa, la vaig poder entendre i em vaig reconciliar amb el seu estil, i a partir de llavors la traduïa amb més solidaritat. Val a dir que crec que Alice Munro va tenir més influència en la meva manera de llegir que la que vull admetre. En una entrevista, Munro deia que no acostumava a llegir els llibres de dalt a baix, que no li interessava el que passava en una història, sinó que llegia trossos esparsos com si anés d'una habitació a una altra d'una casa. M'he trobat llegint així alguna vegada des de llavors...

M. Quan penso en la vostra feina com a traductors, com una feina de tots dos, com mags, per desbrossar una llengua apresa a casa sense pretensions i crear el vostre corpus literari, em venen al cap els versos de Nelly Sachs, del poema *Pobles de la terra*, en la meva traducció: *Laissez les paroles à leur source* (Deixeu les paraules a la seva font).

D. Hi ha aquest assaig meravellós de Virginia Woolf on diu que les paraules no viuen al

diccionari sinó a l'esperit, *in the mind,* diu ella. He de reconèixer que sempre tinc un problema quan em trobo la paraula *mind* en anglès. No em sembla genuí parlar de la «ment», més aviat diria al cervell, però el cervell és massa físic. Jo ho vaig traduir com «esperit», que és una paraula una mica complicada perquè té massa connotacions religioses. En tot cas, el títol de l'assaig també ho complica perquè, en anglès, és «Craftsmanship», és a dir «Artesania».

M. Sento el ressò d'aquell passatge punyent de *La senyora Dalloway* que diu «però l'amor i la religió destruirien la intimitat de l'esperit». Com em va impressionar la traducció al català d'aquest llibre, per aquestes paraules, diria que són paraules bàsiques a les quals insufles una força interior i que són com punts de referència allà on el llibre ens fa vacil·lar.

A. Valéry, per exemple, fa servir contínuament la paraula *esprit.* I en cada ocasió que apareix, cal mesurar molt bé quin era el possible sentit que li volia donar. De vegades, el mateix context de

la frase o del fragment te'n donen alguna pista; en d'altres pots fer una aproximació, cercant la paraula que creus que difereix menys del que explica en el text. Finalment, si no tens cap referent precís, has d'improvisar i jugar-te-la... Tanmateix, això passa amb molts d'altres autors. I, especialment, quan tradueixes poesia: aleshores, la quantitat de vegades que has d'improvisar, de jugar-te-la, és enorme. La interpretació d'un poema sempre és una tasca complexa (per això és poesia!). I, en conseqüència, quan tradueixes (reescrius) el poema, has de ser creatiu. D'aquí, la importància de conèixer bé la poètica de l'autor: serà el camí que il·lumina a l'hora de traduir.

Les paraules prenen connotacions diverses al llarg del temps, per l'ús que els parlants n'han fet. Els mots són com monedes, que a mesura que s'usen, es gasten, i el poeta, el traductor, o tots dos, les han d'encunyar de nou.

D. És la importància de fer servir les paraules en què creus, que em sembla que és un dels principis que cal tenir a l'hora de traduir. La fidelitat no és dir exactament el que diu l'original, que és

el que regeix la traducció i no cal ni dir-ho, sinó compondre el nou text amb el millor que pots treure de l'original expressat per tu de manera fidedigna. És el que deia Marina Tsvetàieva quan traduïa Puixkin al francès (cito de memòria): «No vull ser la seva esclava; he d'oblidar que és Puixkin qui estic traduint perquè si em deixo portar per ell no puc dir el que sento que he de dir».

A. Sí, però en poesia la fidelitat no consisteix tan sols a dir (gairebé) el mateix, sinó que a més s'ha de projectar en el poema traduït l'alè, el *dring*, l'esperit del poema original. I aquí és on rau la dificultat de la traducció poètica. Com ha escrit Nicole Brossard, en poesia «es tracta de traduir allò intraduïble, que és el ressò vibrant, l'energia que ho canvia tot».

D. La fidelitat exigeix no deixar-se esclavitzar. Servir el text original no significa servitud.

A. Exactament! El traductor ha de sentir-se lliure: no oblidem que està *creant*, de la mateixa

manera però diferent que l'autor. L'únic és que el traductor no ha d'inventar res: el guió és escrit i la seva tasca consisteix tan sols a ajustar-se al sentit del text original, però dit amb les seves pròpies paraules, amb la seva llengua. En aquest sentit, el traductor hauria de ser «invisible».

D. No es pot traduir amb submissió. El respecte per l'autor és important, però la veneració pot impedir-te traduir. Penso aquí en aquelles paraules del segon paràgraf de *Mrs Dalloway*, quan Clarissa obre una finestra un dia especialment lluminós i diu *What a lark! What a plunge!*. La traducció literal (si és que existeix) seria una cosa com ara «Quina joia! Quina capbussada!», però se'm feia impossible imaginar-la dient això de «quina capbussada». És important que res del que dius traduint et grinyoli i hi ha paraules que marquen el caràcter d'una traducció; després de molt pensar-hi i de parlar-ne, vaig trobar una opció que em va semblar bona: «Quin esclat de vida! Quina plenitud!». Traduir és decidir i moltes vegades fins que no et decideixes no pots seguir endavant. I em corprèn adonar-me temps després que

aquest «esclat de vida» i aquesta «plenitud» és el que va significar per a mi la traducció d'aquesta obra (i de totes les obres que he traslladat de Woolf), un esclat de vida plena.

M. Quan em van convidar a Hanoi per unir-me al gran projecte del doctor Nguyen Khac Vien (un projecte foll en temps de guerra, però potser, justament en temps de guerra i barbàrie desencadenada, no es pot fer més que respondre amb la veu de la poesia…) de publicar una antologia de la literatura vietnamita, per tornar-la a traduir al francès per primera vegada des de la fi de la colonització; la feina quotidiana al seu costat em va ensenyar per a tota la vida la lliçó que la traducció és, primer de tot, humanisme... Recordo també les seves reflexions a propòsit de la fidelitat: «La fidelitat ha de ser sens dubte la primera virtut de tota traducció, però un cop admès això, es planteja immediatament la qüestió: fidelitat a què? […] Hi ha determinades fidelitats que són pitjors que la traïció [...] A còpia de voler donar un aire "oriental", per exemple, es desfigura una gran obra de qualitat universal, d'una humanitat

profunda. Restar fidel és cercar abans que res recrear aquesta humanitat, aquesta universalitat de l'obra».

A. Perquè quan traduïes la poesia vietnamita et devies trobar que hi havia un munt de paraules i conceptes que, potser, aleshores no existien en francès i te'ls havies d'inventar. I això és el que és apassionant de la traducció: aquesta tasca creativa, aquest entrar a fons en la llengua d'arribada per extreure'n el millor a fi de poder expressar el que diu la llengua original.

Quan jo traduïa *Tal qual,* de Valéry, recordo la feinada que em va representar, de primer, entendre què volia dir Valéry en cadascun dels seus textos, i després trobar els equivalents catalans, ajustats al màxim, de termes filosòfics o científics. Va ser un període dur, aquesta traducció.

D. I un període de dedicació gairebé absoluta, recordo.

A. Sí, ara puc dir que he oblidat l'esforç i la tensió que em van provocar els centenars d'hores

dedicats a aquell *Tel quel*, ple de matisos i de paranys, de problemes de comprensió. Un camí solitari, fascinant però ple de dubtes.

M. Però és una passió, fins i tot una joia.

A. Sí, sí… i un dubte constant.

D. Una allau de dubtes.

M. Potser la fidelitat essencial és això: ser fidel primer a tu mateix, als teus valors, a qui ets, a la teva escolta, a la teva aproximació a l'altre.

Triant ens triem

D. A mi em passa que tendeixo a mirar-ho tot a través de la traducció, que visc la traducció com l'experiència literària i vital més completa. També és veritat que hi ha una part «petita» de la traducció, quan et concentres en cada frase concreta i busques la manera de dir el mateix de manera que tingui una profunditat igual que la de l'original en la nova llengua. Aquesta dedicació em fascina, la dificultat de trobar la manera i la satisfacció de fer-ho. Sigui bo o dolent, hi soc present.

M. És una mica com deies al començament: dir les coses amb les teves pròpies paraules.

D. És una manera de pensar la llengua, de treballar-la i fer-li dir el que et cal dir. Tinc la impressió que, de qualsevol llibre, sempre se'n pot salvar

alguna cosa, que et pot aportar una idea que no havies pensat mai.

A. Per a mi, més aviat és una tasca de cerca del mot just, com si cada peça fes part de l'engranatge d'una màquina complexa, on tot ha d'anar ben encaixat perquè rutlli. Crec que només hi ha un mot precís per expressar una idea. Almenys, això és el que jo intento fer quan escric un poema. No em serveixen els diccionaris de sinònims. No hi ha un equivalent a la idea primigènia del poema que em ve dictat.

M. Sí, el mot just, la manera justa de dir-ho... Això em recorda un moment memorable: era un matí a Grenoble, en una petita sala de treball del Museu de la Resistència i de la Deportació de l'Isère, una reunió organitzada per Jean-Claude Duclos amb totes les associacions d'antics resistents i deportats, que, en el marc d'una reactualització de les sales d'exposició, venien a manifestar el seu consentiment de posar la inscripció del *Vers per al tombant del mil·lenni* del poeta alemany, Reiner Kunze, sobre el mur de l'entrada.

I aquell matí, de pas cap a Grenoble per a una sèrie de lectures, vaig convocar tot l'equip, i també els historiadors, per discutir una proposta en relació amb una paraula, una sola paraula d'aquest poema, la darrera: en lloc de conjugar-la en passat, posar-la en present. Després d'una discussió apassionant, el poeta va donar el seu consentiment, segellat amb un got de vi negre. El poema es va inscriure en dues llengües i el cònsol d'Alemanya va assistir a la inauguració.

Vers zur jahrtausendwende
Wir haben immer eine wahl,
und sei's, uns denen nicht zu beugen,
die sie uns nahmen

vers pour le tournant du millénaire
nous avons toujours un choix
et ne serait-ce que de ne pas nous incliner
devant ceux qui nous en privèrent

I, llegint això amb la perspectiva dels anys, m'he adonat que encara podia anar més lluny i he escrit a l'editorial Cheyne per demanar-los que

canviïn *ne pas nous incliner* per *ne pas nous soumettre*. Com veieu, aquest camí que estem fent plegats, les nostres converses, el descobriment i l'aprofundiment dels vostres treballs i compromisos em fan prendre consciència que traduir és no deixar de tocar de peus a terra, no perdre de vista els nostres punts de referència interiors.

D. Sí, moltes vegades quan llegeixes una traducció de fa temps, tens la sensació que hi podries canviar moltes coses, i això és una prova de la intervenció del traductor, del moment que viu qui tradueix, en el text final, però jo diria que és aquí on rau l'essència de la traducció. Malgrat la dificultat, els dubtes, l'esforç; és tan apassionant escarrassar-se a trobar les paraules i la manera adequada de dir-ho que ens procura felicitat. En certa manera, mai no acabaríem de traduir un text, perquè si pensem en «des d'on traduïm?» —que és tant com dir «des d'on escrivim?»—, pensarem en aquesta aventura que és l'escriptura: una cerca constant, un diàleg entre la vida real i la interpretació que fem de la nostra vida. Tot, per tant, molt inestable, canviant. És clar, Mireille, que ara canviaries coses del

llibre de Kunze, perquè han passat uns anys i has viscut experiències diverses, has après de la vida i del pensament del poeta Kunze; i, especialment, ara saps molt més de l'escriptora i traductora Mireille Gansel. Els peus sempre t'han tocat a terra, però has «viatjat» pel territori canviant de la teva vida, i això deixa petja en l'escriptura.

M. Sí, i tant, la felicitat de pressentir, d'agafar al vol la paraula que sona justa... una felicitat gairebé física que et passa per les venes, et talla l'alè (podria parlar fins i tot de joia?). La joia comporta tants matisos, tantes circumstàncies; sí, una joia fins i tot allà, i potser justament allà on hi ha la gravetat, la tragèdia, coses fosques, com si la traducció salvés un alè, una veu, una paraula amenaçada, i llavors el sentiment d'un treball acabat, un treball com diuen del treball del part, com diuen d'un treball que t'ha estat confiat, com una tasca sagrada; aquesta paraula, *avodah*, que Yehudi Menuhin va descobrir un matí quan tenia set anys, i era aquell fragment per a violí que li va oferir Ernst Bloch i que va tocar tota la vida en un moment i lloc premonitoris de les tragèdies de la història.

Igual que aquella joia greu i sorda com una font profunda durant tota la meva traducció de Nelly Sachs, poema rere poema, recull rere recull...

A. Quan dius que, quan vas acabar el llibre de Nelly Sachs no volies traduir més, mai més! mai més!, a què et refereixes, exactament?

M. Sí, Toni, la teva pregunta em corprèn, tu que tota la feina que fas com a poeta, com a traductor, com a poeta-traductor, és hospitalitat, benvinguda, empatia, anava a dir fidelitat a la paraula: la que reps del poeta i la que tu dones al poeta. La pregunta que em planteges em fa pensar en com el nostre treball de traducció està profundament arrelat en les nostres històries, personals i collectives... Per a mi, Nelly Sachs és aquí, a la vora meu, com una germana d'ànima, amb esclats de bellesa per salvar a capa i espasa, amb labor lenta... Tota la seva obra de poesia és com aquesta peça de seda que hem vist al teler de la Maison des Canuts, estesa fins al darrer pas de la darrera naveta, un únic i llarg alè salmòdic on cada motiu de bellesa, cada espurna de llum està incrustada,

teixida en el cos mateix de la seva escriptura, i fins als seus darrers dies entre l'hospital psiquiàtric i el servei d'oncologia, i fins al darrer vers, l'últim sospir:

Noir est la couleur préférée de l'implorant :
Viens et verse-moi des rêves –

Negre és el color preferit de l'implorant:
Vine i aboca'm somnis –

Traduir-la, per a mi, va ser seguir-la fins a l'esclat tremolós del darrer fil de seda, recollir l'última traça d'espurna, el darrer bri de somni, i allà... saps que no pots anar més lluny, més endins de l'abisme; només resta el silenci.

A. Em sembla que t'entenc, però et voldria posar una qüestió: tu dius s'ha acabat!, no puc més!, etc., però ara imaginem-nos —és una hipòtesi— que es descobreixen uns quaderns nous de Nelly Sachs, que estaven amagats, oblidats, què sé jo, i que un editor et proposa de fer-los…

M. Sí, l'editor em va proposar continuar, traduir el seu teatre, textos inèdits en prosa...

A. I vas refusar... Entenc el refús, entenc l'exhauriment que et va suposar fer el llibre *Exode et métamorphose (et autres poèmes)*, perquè són textos d'una duresa increïble, que han de deixar el traductor —que ha de passar hores i hores treballant aquell material que en diríem «nociu» per a la seva salut mental, per al seu equilibri. I d'aquí, dir que ja no pots més. Però també podríem pensar en un deure ètic envers els lectors. Pot, el traductor, amagar el seu compromís envers els lectors, amb una obra tan radical com la de Sachs? No és el seu, diguem-ne deure, donar-la als altres en les millors condicions possibles, per gaudi o per passió?

Recordo que el traductor català d'aquests poemes (Feliu Formosa, poeta i traductor amb molta obra), també va acabar exhaust amb aquestes peces de Sachs...

M. Vaig trobar algú que tenia prou competència i passió per fer-ho.

A. I si en comptes de peces de teatre haguessin estat poemes?

M. Seria el mateix. Sachs s'adreça a aquesta part d'humanitat en l'home: *der Mensch im Menschen* (Reiner Kunze) i, quan has fet aquest treball, quan has recorregut aquest camí interior fins al més lluny possible, saps que hi ha camins que no es tornen a fer.

D. Entenc que, per a tu, el problema a l'hora de traduir Paul Celan i Nelly Sachs no era la traducció com a tal sinó allò profund que expressaven. Quan escrius poesia tens aquesta sensació?

M. La poesia em fa recuperar l'alè, alè de vida.

D. Llegint aquell llibre preciós que vas fer amb fragments d'escrits de Yehudi Menuhin es nota que vas gaudir traduint-lo i confegint-lo. En tota la teva obra poètica i vital hi veig ressonar els principis vitals de Menuhin. Com quan escriu, per exemple: «El que animava la meva ambició d'infant de tres anys no era tocar el violí per a mi,

sinó tocar el que altres desitgessin sentir, i d'aquesta manera forjar contactes entre els humans».

M. Això va ser una font viva. I l'edició és tan bonica! Vaig tenir una gran alegria quan va sortir publicat. Jo era al Col·legi de Traductors d'Arles (on precisament som ara mateix[1]), va sonar el telèfon i era la Zamira, la filla de Menuhin, que acabava de rebre el llibre, i em va dir: «Sento la seva veu!». I és veritat, va ser una mica màgic, traduint-lo podia sentir el seu violí i t'insuflava tota la seva passió de la vida, la passió pels altres, pels més amenaçats, i el geni de Suzanne Bukiet, l'editora amb qui vam compondre el llibre. Volíem donar veu als seus *vibratos* per mitjà de les cal·ligrafies sonores i posar-hi els quadres que vaig anar a buscar a l'illa Victòria, a casa del seu amic Myfanwy Pavelic, un gran pintor que ens va donar els retrats de Yehudi escoltant el seu violí.

A. Ara, molts anys després de Nelly Sachs, has tornat a traduir...

[1] Abril de 2024

M. Sí. Toni... La bellesa, la llum, el silenci, la compassió... La teva poesia, Toni, va ser el primer que traduïa des que havia dit prou. Em va arribar com un visitant de claredat, sí, aquesta mateixa espurna a les tenebres però sense el recorregut que t'arrossega al fons de l'abisme.

A. Traduir ha de ser una joia, mai una obligació, una submissió. Es pot pensar en un sofriment accidental a causa de les dificultats. Però sempre hi ha el benefici del goig de donar als altres allò que sense la *passera* del traductor, sense aquesta tasca de «passador», no haurien conegut molts dels escriptors que ara ens meravellen.

D. És un dels papers importants del traductor, i emociona. Per altra banda, la traducció no implica millorar l'original, sinó transmetre'l tan bé com sigui possible.

M. Per a tu, la vocació de traduir és dir el més a prop possible de l'altre, dir la seva humanitat en allò que té de més sensible, de més fràgil, de més amenaçat, i a *Traduir com transhumar*, dir en

català les paraules de Nelly Sachs és com si la traducció, per la delicadesa d'un simple matís, els insuflés consolació i dolçor. És aquí el secret de la màgia que teniu tots dos, el Toni i tu, a la vida, i el seu reflex en els mots que és la traducció.

Toni, amb el teu treball, per exemple, fas bé a la poesia de Denise Desautels, que té un fons de tristesa que tu asserenes. Són els camins secrets de la poesia. Estàs fent bé traduint, la teva manera d'habitar el món.

A. Algunes vegades he pensat que potser sí que podia fer un bé a la seva poesia, quan la tradueixo... De fet, malgrat que ella no coneix del tot el català (i, especialment, els matisos de la llengua), recordo bé que quan va sortir publicat el primer llibre seu que jo havia traduït (*Tombeau de Lou*, un llibre dolorós i lluminós alhora, que explica la relació de tants anys amb la seva amiga de tota la vida, la Lou, i que es clou amb la mort per malaltia d'aquesta), ella em va comentar que rellegir-lo després de tants anys li havia fet bé, mirava les circumstàncies d'aquella desaparició i la deia amb la *meva* mirada: llunyana, d'una altra cultura,

d'una altra llengua. Sí, la meva experiència com a traductor de poesia m'ha donat la petita satisfacció, a voltes, d'haver complagut el lector, d'haver-li fet descobrir *la joie de vivre* en la poesia de Jaccottet, per exemple. En el poema «El treball del poeta», del llibre *L'ignorant*, ens diu:

La tasca d'una mirada afeblida d'hora en hora,
ja no és somiar ni congriar plors
sinó vetllar com un pastor, i convocar
tot allò que corre el risc de perdre's si s'adorm.

M'agrada, aquesta idea del traductor com algú que pot sembrar el món amb indubtables dosis de bellesa i veritat.

D. Sí, quan tradueixes, dones alguna cosa. Hi ha un matís de generositat bastant important en la traducció. Potser no sempre n'ets conscient, però és el que sents quan hi ha gent que t'agraeix que hagis traduït un llibre determinat perquè l'ha pogut llegir i gaudir en la seva llengua. És molt gratificant quan veus que el que has fet és important per a algú.

M. Sí, allò que dones sense adonar-te'n, sense comptar: la teva pròpia llengua, la teva escolta. Quan llegeixo els poemes que has traduït de Jaccottet, Toni, hi llegeixo al mateix temps l'original, sento que les teves paraules en català consolen les paraules de turment.

A. Sí, Jaccottet té poemes que són durs, perquè va passar èpoques molt complicades, amb molta mort entorn seu, en un moment donat: la mare, els avis, el sogre, amics... A part, coincidia, també, amb el període en què traduïa Musil. D'aquesta experiència més aviat fosca en va sortir una mena de novel·la, *L'obscurité,* veritablement molt dura.

M. I tu, Dolors, pots dir què va ser per a tu «l'esgotament» que dius haver patit quan vas acabar la traducció de *La senyora Dalloway*?

D. Haver-me hagut de posar a la pell de Virginia Woolf per traduir obres seves és un dels reptes més imponents i un dels grans regals de la meva vida de traductora. Quan vaig traduir *Mrs Dalloway,* entre els moments de pànic per no

entendre què passava i els moments de pensar que era impossible reproduir en català el que deia, vaig viure els moments més feliços per la llum que transmetien les paraules de l'autora i l'oportunitat de reescriure tanta bellesa. La capacitat de Woolf d'evocar la vida tal com la vivim, d'entrar dins del cap de cadascun dels personatges i presentar-los a partir dels seus pensaments i amb relació a les persones que els envolten m'enlluernava. Sobretot em va semblar que era l'obra d'un geni, d'algú capaç de fer amb les paraules el que no s'havia intentat fer mai. Sentia que la profunditat de les idees que expressava m'il·luminaven el camí. Va ser literalment una experiència vital. Em va canviar la manera de llegir. En tots els seus escrits, Woolf construeix un edifici que ens permet conèixer la seva aproximació a la literatura, i a la vida, que són dos aspectes tot sovint indestriables en la seva trajectòria.

Aquesta traducció em va demanar tanta energia, tant d'esforç, que vaig quedar totalment esgotada. També és veritat que és la traducció que m'ha tornat més energia, més passió per la literatura, més passió per la traducció.

M. Vosaltres dos teniu en comú coses inseparables, traduir i la vida, escriure-la: la teva poesia, Toni, com la de René Char, obre, invita amb els braços oberts, no encercla un ego; igualment la teva manera de traduir, d'entendre l'altre allà on és...

A. Sempre he volgut evitar parlar de mi: m'agrada la idea de ser «invisible», per dir-ho així, com a poeta tant com a traductor. Cal donar sempre la paraula a l'*altre*, que sempre és el lector: tant en el cas de la poesia com en el cas del traductor, el lector reescriu els textos, se'ls apropia, se'ls fa seus... perquè jo he estat un «passador», tan sols.

D. Em fas pensar en aquella frase tan punyent de Jaccottet que diu: «Que la meva manera de resplendir sigui esborrar-me». Em sembla una màxima de vida de qui es dedica a traduir.

M. Donar la paraula als altres i al que és bo al món. La bellesa.

A. Sí, com que no tradueixo «per ofici», sinó per gust, sempre he traduït els poetes que, per una raó o altra, triava com a referents. I sempre he mirat que fossin poetes que transmetien, com dius, allò que és bo en el món, la bellesa del món. Tant en poesia com en traducció vull que la meva escriptura sigui «un cant interior», profund, i no una música ocasional o convencional que acompanya.

M. En el prefaci de l'antologia dels teus poemes, Sam Abrams parla del teu art d'observar totes les facetes d'una paraula. Com escrius tu, Dolors, a l'epíleg del nostre recull bilingüe *Et le soleil dans ta main*, en la seva poesia, el Toni no ha seguit els camins de l'ortodòxia sinó que ha treballat, potser, fora dels camins fressats.

A. Tant en l'escriptura poètica com en la traducció, cal ser capaç d'apropar-se l'*altre*. De ser (com) l'*altre*. Amb una escriptura nodridora, reparadora.

D. Jo diria que també hi ha una mena d'empatia de la llengua catalana, que és una llengua acollidora. La consciència de ser petits ens empeny a voler aprendre l'altre. Em sembla que és una característica nostra en molts camps del saber. Ho explicava una vegada Òscar Tusquets: deia que ell sempre havia estat disposat a anar a altres països (al Japó, a l'Índia) a aprendre, que volia portar aquí allò que li ensenyaven els altres, construir(-se) a través dels altres. Crec que és exactament el que fem els traductors.

M. El que em va impressionar realment quan vaig anar a Catalunya (en ocasió del premi Veu Lliure que em va atorgar el PEN Català el 2021), és aquesta cosa tan poc habitual, l'hospitalitat, ser acollit tal com ets. Em va fer pensar en la sensació de quan arribava entre els meus a Budapest…

A. Em sembla certa aquesta idea d'acollir l'altre, de donar-li el millor que tenim: la llengua, la nostra capacitat de ser hostes (en el doble sentit de la paraula: el qui acull i el qui és acollit). Jaccottet,

en les postals que solia enviar-me, un dia em va dir que se sentia molt content del fet que la seva poesia hagués trobat, a través meu, un refugi en la llengua catalana. I, de fet, és així: quan traduïm un autor a la nostra llengua, el que fem és afegir-lo «com una nova escriptura» en la nostra. És meravellós, no?

D. És allò d'*anostrar,* aquest verb tan apropiat quan es parla de traducció, «fer a la nostra manera de ser», com diu Coromines al diccionari. És un terme que es va encunyar a la primeria del segle XX per parlar de les traduccions que havien de servir per eixamplar la literatura catalana, per inserir en la nostra tradició la literatura d'altres llengües. No estic segura que ara, al primer quart del segle XXI, la paraula sigui aplicable, perquè més aviat pensem que hem de fer lloc a l'altra cultura dins la nostra, que hem de respectar-la i donar-li cabuda. Potser per ser el català una llengua minoritzada, quan traduïm tenim cura de no esborrar els trets més característics d'una altra llengua, sobretot si es tracta d'una altra llengua minoritzada (penso, per exemple, en quan

traduïm els noms de pobles de França pel nom occità i no el francès...).

A. Penso que, havent traduït set llibres de Jaccottet, l'he *anostrat*. Mai no havia estat traduït al català, i la feina va ser trobar editors per publicar-lo. Finalment, i amb penes i treballs, vaig aconseguir que se'n publiquessin set, però en general, els llibres han estat rebuts amb molta indiferència. La mort de Jaccottet, ara fa tres anys, tot just va ser objecte d'un breu al diari català que més atent està a la literatura. Ell, i molts d'altres poetes estrangers que es publiquen, reben un tracte similar si darrere seu no hi ha algun factor «extraliterari», especialment si és morbós, que faci que el seu nom comenci a ressonar per les xarxes.

Amb tot, considero que obrir les portes de casa nostra —de la nostra llengua— als poetes estrangers és, en general i en un sentit ampli, el contrari de la posició postcolonial.

M. En els vostres vincles, trobades, intercanvis amb poetes i escriptors del Quebec, no hi ha una ressonància, una afinitat entre llengües minorità-

ries? A la vegada una cerca i afirmació d'una identitat a través de la llengua i de la traducció com una mà estesa. Penso en el treball de la vostra amiga Nicole Brossard, que em sembla que correspon a tot un corrent de cerca de la identitat a través de la llengua, la traducció com a cerca de la identitat.

A. Sí, des que vaig aterrar per primera vegada al Quebec, ja fa més de vint anys, vaig descobrir un país que em va fascinar. La «revolució tranquil·la» dels anys seixanta va obrir moltes portes a la modernitat: moral, política, artística, en el feminisme, en l'economia, en l'urbanisme... i en el sentiment identitari: per a molts quebequesos, va significar redescobrir la llengua marginada, el francès, i els va fer adonar de la seva identitat, diferenciada de l'imperialisme anglòfon que s'havia imposat segles abans. Van estar a punt de tocar el cel amb els referèndums d'independència, però no van reeixir a establir un nou país, que hauria estat jove, modern, atractiu.

Després de la revolució, en el terreny de la poesia va brollar una radicalitat formal i moral extraordinària que va propiciar una generació de

poetes —especialment, dones— que van causar un veritable terratrèmol. Nicole Brossard va ser —i, encara ho és— una capdavantera del canvi. Continua publicant, i cada llibre seu és un pas més aprofundint la cerca d'un llenguatge més i més allunyat del raonament lògic: els seus llibres són l'essència del que Zambrano en digué *razón poética*.

Brossard ha reflexionat molt sobre la traducció i sobre el fet de ser traduïda, en diversos llibres, però especialment a *Et me voici soudain en train de refaire le monde*, on llegim: «el que es llegeix en un poema és la seva energia, i és sens dubte el que serà més difícil de traduir [...], és aquesta incandescència, aquesta seda fina del viure allò que caldrà traduir».

D. *I de sobte sóc aquí a punt de refer el món* és un llibre esplèndid que ajuda a entendre tot el que implica una traducció. Potser en aquesta conversa nostra mirem de respondre la pregunta que es fa al començament del llibre: «Per què la traducció no és un tema com qualsevol altre? Vull dir, per què predisposa a un autèntic fervor del sentit, arribant

de vegades fins al debat, com si en cada mot s'hi amagués una aposta de vida, una visió del món miniaturitzada?». M'agrada quan diu que el que llegim en un poema és l'energia que desprèn i que és aquesta «seda fina del viure» el que cal traduir de cada poema, de cada text. Potser és aquesta energia la que transmet la sensibilitat que l'autor imprimeix en la seva llengua i que el traductor ha de reflectir en la nova llengua.

A. El de Denise Desautels és un altre nom destacadíssim. És una poeta «hereva» de la tradició rupturista, que ha treballat molt sovint amb artistes visuals i ha escrit sobre el dolor de la pèrdua i el destret de viure, i ho ha fet amb una poesia d'una bellesa i d'una densitat extraordinària. Quan la tradueixo, sento que ella em dicta els poemes, noto gairebé una presència física. És una persona molt estimada, i una escriptora d'una profunditat densa.

Finalment, la seva obra ha estat reconeguda a França, amb la publicació a *Poésie/Gallimard* de dos llibres seus... ben a prop de la teva traducció de Nelly Sachs, Mireille.

D. També has traduït Claude Beausoleil...

A. Ah, sí, traduir *Grand Hôtel d'étrangers*, de Beausoleil, va ser una bona experiència, perquè, amb la seva escriptura propera a l'experimentació, descrivia la seva estada a París —el país-mare, que havia d'acollir els escriptors de la *belle province* amb entusiasme, com havien fet uns anys abans amb Anne Hébert—, però aviat s'adona que els «intel·lectuals» francesos es reien del petit poeta que venia de l'altra banda de l'Atlàntic i que gastava un francès irrisori, un *patois*. Aleshores Beausoleil pren consciència que a França el fan viure realment en un hotel per a estrangers, que no és acollit com un poeta que escriu la mateixa llengua que ells. I retorna al Quebec...

M. Amb el poeta Chế Lan Viên vam treballar a Hanoi amb els etnòlegs originaris de diversos pobles de muntanya. Ells ens transcrivien en la llengua vietnamita majoritària els cants dels Hmong, Tay i Muong, insuflant-hi les imatges, onomatopeies, ritmes de pensament, encadenaments de

matisos ínfims on vibrava l'ànima d'aquestes llengües minoritàries. Per al poeta Chế Lan Viên, traduir-les al francès era fer-les conèixer, salvar-les. Vaig viure llavors que traduir una llengua minoritària, una llengua amenaçada, és prendre el risc de traslladar aquest *vibrato*.

D. Em sembla que traduir a llengües minoritàries és una oportunitat de descolonitzar la traducció. De la mateixa manera que hi ha pobles com els nadius americans que creuen que si els fan un retrat els roben l'ànima, també hi ha pobles i persones que no volen ser traduïts perquè senten que d'aquesta manera se'ls roba l'esperit per assimilar-los a una altra cultura més gran. En una traducció recent de l'ídix al català (de fet la primera directa), Joan Ferrarons ha escrit sobre això en un epíleg magistral. Diu: «Les cultures dominants només se solen interessar per les cultures sotmeses quan aquestes han estat neutralitzades, quan ja no representen cap perill (real o imaginari) per al predomini d'aquelles. Aleshores s'atreveixen fins i tot a reivindicar-les i, en el pitjor dels casos, a apropiar-se'n, mirant d'esborrar

la línia que separa els opressors dels oprimits per fer bandera d'una cultura suposadament nova, hereva de totes dues [...] La llengua catalana ha experimentat i experimenta el fenomen de la minorització, és a dir, s'ha desenvolupat en una condició de submissió a altres marcs culturals...».

M. En aquest sentit, val la pena recordar les paraules de Ngũgĩ wa Thiongo, l'autor de l'extraordinari *Descolonitzar la ment,* quan diu: «Totes les llengües són bones per comunicar-se, el problema és el de la jerarquia. Quan les llengües es troben sobre la base de la igualtat donen i prenen, se subministren oxigen l'una a l'altra. Però quan es troben en termes de jerarquia, una sufoca l'altra».

Quan vaig saber que a Nova Zelanda el Parlament «acabava d'acordar l'estatus de persona jurídica —*legal person*— al riu Whanganui», vaig voler entendre què significava això en la llengua, l'esperit, l'ànima maori, i vaig anar a trobar el riu, els maoris del riu. Vaig viure un moment memorable quan un vell maori va intentar resseguir els mots de la llengua anglesa un a un per intentar

passar-los a la seva llengua natal, buscant debades mots que li eren estrangers, com calcats d'un altre món mental. En aquell instant vaig viure la traducció com una violència feta a la llengua, a l'ànima, anava a dir a la dignitat de l'home amb les mans colrades pel sol.

D. Pensen el mateix alguns autors catalans que no volen ser traduïts a l'espanyol. Consideren que la marca dels seus textos és el català i que, traduïts a una llengua que tenen com a invasora, perden tota la raó de ser. No volen ser assimilats a una cultura que no creuen seva.

M. Hi ha camins de traducció que s'entrecreuen amb les nostres vides (que coneixen les nostres vides en el més profund) i això els dona una ressonància particular. És el que sento en eco profund en aquesta traducció meravellosa que tu vas fer dels sonets d'Elizabeth Barrett Browning en ressonància amb la teva vida. El que m'ha commogut en el teu llibre és que tu comprens, perceps i poses paraules humanes, amoroses, paraules de dona molt més carnal allà on l'original potser és

més retingut, una mica metafísic, i tu hi fas sentir una altra tonalitat.

D. És clar, el llibre va ser escrit fa pràcticament dos-cents anys, i un dels meus objectius quan el traduïa era dir-ho tot amb paraules que no em fes vergonya dir, com si realment les digués jo. No és la manera normal amb què enfoco una traducció. En aquest cas, no era un encàrrec de traducció normal, sinó una insinuació per part del Toni com a editor, i em vaig permetre la llibertat de fer-me el llibre tan meu que, dient el que deia Barrett, les paraules i el sentiment fossin del tot meus.

A. El que va passar amb aquest llibre és que en català només se n'havien traduït un parell o tres i les traduccions que hi havia en castellà eren antigues i passades de moda, ploraneres. Que no reflectien de cap manera la passió amorosa entre els dos poetes: aquí seria interessant que, més enllà dels meravellosos *Sonets del portuguès*, es poguessin traduir les cartes que durant un any es van intercanviar, i en les quals, pel que sé, hi ha molta reflexió literària.

Publicar aquesta traducció magnífica de la Dolors va ser un acte de justícia poètica. I una manera de demostrar fins a quin punt algunes traduccions poden envellir. El lector d'ara, amb aquesta traducció, sent l'amor entre els dos poetes com si fos ara mateix, i no pas fa més de dos segles...

D. Abans de començar a traduir aquests sonets d'Elizabeth Barrett, havia tingut una època de llegir amb fruïció els sonets de Shakespeare, que m'havien arribat a l'ànima, en la versió de Gerard Vergès. És veritat que jo em trobava en aquell estat d'enamorament tan favorable a llegir poemes d'amor, i tenia tant al cap els sonets de Vergès que quan em vaig posar a traduir procurava imitar la música i el to. Fins i tot la decisió de traduir-los en decasíl·labs venia de la lectura d'aquesta versió catalana.

M. Et donaven un alè. És clar, també és una dimensió de la traducció. Es treballa en un domini molt privilegiat i de vegades hi ha aquesta dimensió epistolar.

D. Sí, en certa manera, en unes condicions absolutament diferents, perquè Elizabeth Barrett vivia en unes circumstàncies duríssimes quan va començar a escriure aquests sonets i, esperant la mort, li va arribar l'amor.

Pensar i reescriure els poemes a mi em servia com a declaració d'amor. Em semblava molt emocionant la idea d'observar i evocar l'experiència amorosa d'una dona dos-cents anys després. Es diu sovint que la traducció és un pont entre llengües. M'agrada pensar que també és un pont entre èpoques.

M. Escoltant-te, penso que hi ha trobades amb obres que són com una pàgina del llibre secret de les nostres vides, com em va passar a mi amb Nelly Sachs. Ella em parlava com d'un país interior, un país de l'ànima...

A. A mi em va passar una cosa semblant, quan vaig llegir *La passió d'Israel* (un volum que incloïa *Eli, en les estances de la mort* i *L'enfosquiment de l'estrella*) traduït al català, des de l'exili, per Domènech Guansé... Va ser un llibre que em va

tocar profundament. Jo tampoc no coneixia amb massa detall res sobre la Xoà (era a principis dels setanta, i a Espanya se'n parlava poc o gens...), i Sachs em va commoure; després de llegir-lo, vaig indagar, fins allà on m'era possible, la terrible experiència del mal.

D. M'agradaria saber quan vas decidir traduir Nelly Sachs, com va ser la proposta. Sobretot m'agradaria que expliquessis una cosa que t'he sentit alguna vegada de quan vas anar a Estocolm a veure una veïna de Nelly Sachs...

M. Sí, quan treballava en la traducció de la correspondència entre Paul Celan i Nelly Sachs encara no havia aparegut la correspondència tan esclaridora entre Celan i Gisèle Lestrange, i les dades biogràfiques que es coneixien aleshores tenien moltes llacunes i detalls no explicats sobre les estades de Celan a l'hospital psiquiàtric, que corresponien a llargs silencis entre dues cartes; també hi havia mencions molt vagues i de vegades contradictòries sobre el viatge de Celan a Estocolm per anar a veure Nelly Sachs quan ella

també estava internada en un hospital psiquiàtric. Entre aquests detalls vagues, destacava que, quan va arribar a Estocolm, el va acollir Madame Wosk, una veïna de Nelly Sachs. Com entendre aquesta visita de Celan a Nelly Sachs tan poc documentada? Vaig escriure a Madame Wosk, a l'adreça de Nelly Sachs. Una carta com una ampolla llançada al mar. Ella va acceptar de rebre'm i em va donar una cita, imagineu-vos, a la Banca Nacional de Suècia. Em va portar a la sala de les caixes fortes, en va obrir una i en va treure uns quants papers i dossiers. A continuació em va dir: «No us els puc ensenyar, no us ho creuríeu». Va tornar-ho a deixar tot a lloc. Va venir el mosso, va tancar la caixa forta i va sortir a fora. Madame Wosk va acceptar que li truqués l'endemà. Em va donar una cita davant de la casa on vivia, al mateix replà que Nelly Sachs. Vam recórrer el Begsundstrand en un estrany silenci. La tercera cita va ser davant de casa seva. Em va fer pujar i seure a la cuina, i em va dir: «Jo sé coses, però no les puc dir perquè no en tinc proves». Me'n vaig anar amb aquestes paraules. D'una sobrevivent. D'una ressuscitada. Retornada del darrer cercle de l'infern.

A. Nelly Sachs va saber parlar de coses terribles perquè va ser capaç de trobar la llengua en la qual dir-les.

M. La llengua. La llengua de Nelly Sachs és el que em va atrapar, arrossegar, seduir... Aquesta llengua alemanya a propòsit de la qual el jove Enzensberger, als anys cinquanta, des dels països nòrdics on s'havia desplaçat, escrivia: «Nelly Sachs ens ha tornat allò que estàvem amenaçats de perdre: la llengua alemanya». Potser inconscientment havia percebut en la llengua de Nelly Sachs aquest esperit de l'hebreu que ella va descobrir a la traducció de l'hebreu del *Llibre d'Isaïes* en la llengua alemanya de Martin Buber i Franz Rosenzweig, que van acabar i van fer circular en ple ascens del nazisme, i també aquest judeoalemany de Galítsia i dels confins de l'imperi austrohongarès impregnat de tota la mística i l'imaginari que li revelà l'alemany de Buber en la seva traducció dels relats hassídics... Sí, de seguida em va parlar a l'ànima, aquest alemany de Nelly Sachs escrit amb la tinta del seu exili a Estocolm.

D. Quan vaig traduir els poemes de Nelly Sachs que surten a *Traduir com transhumar* m'infonia molt respecte aquest matís hebreu en el seu alemany de què parlaves. És evident que jo no el podia veure ni a l'original alemany ni a la teva traducció francesa. Alguns dels poemes ja havien estat traduïts per Feliu Formosa i vaig poder-los fer servir en el llibre, però molts altres els vaig haver de traduir del francès i amb els meus coneixements modestos de l'alemany original. Sempre recordaré la teva resposta quan et vaig expressar el neguit de traduir aquests versos: «De cada traducció, una obra en surt enriquida, i així serà amb Nelly Sachs: tota la llum i el dolor del seu cant serà enriquit per la llum, el dolor i l'empatia que vibraran en els seus versos en català».

A. Com vas començar a traduir Nelly Sachs; què va induir-te a traduir aquelles experiències terribles; com vas saber trobar el «to» per dir l'horror i que sembli bell?

M. Em veig al Col·legi de Traductors, a Arles, on havia anat a polir un conjunt de poemes de Reiner

Kunze que seria *Un dia sobre aquesta terra*. Per fer una pausa, en un petit quadern a part, em vaig posar a traduir el cicle de poemes que Nelly Sachs havia titulat *Cors*, i una tarda, fent una volta per la biblioteca, el director del Col·legi, Jacques Theriot, gran traductor de literatura brasilera, es va acostar a la meva taula i es va emportar els esborranys de *Cors*, i l'endemà al matí, tot tornant-me el quadern, em va dir: «has de trobar immediatament un editor, si no hauràs d'esperar setanta-cinc anys...», i després un dia, assabentant-se per atzar d'aquest projecte en curs, Jean-Yves Masson em va proposar acollir-los dins de la col·lecció que ell dirigia a Verdier, precisant que a continuació s'hauria de publicar l'obra poètica íntegra de Nelly Sachs. Durant set anys, en aquesta escolta més enllà de la meva llengua pròpia, arriscaré la meva pròpia llengua i finalment, a la fi, la llengua que aquest recorregut de la seva nit m'haurà deixat; és l'escolta d'una analista amb una compassió increïble qui me la tornarà a donar, la meva llengua, la meva llengua salvada, la llengua natal, la llengua de l'ànima que em va permetre tornar a néixer.

L'alè vital

D. Mireille, expliques a *Traduir com transhumar* que el francès era la llengua de la teva infància, però també t'he sentit dir que el que buscaves era la teva llengua de l'ànima...

M. En el fons, no tenim tots un petit lèxic secret amb entrades que s'obren als mots clau de la nostra vida, de la nostra història? És el que em passa a mi amb l'entrada de la paraula *llengua*. Tens raó quan dius que el francès és la «llengua de la meva infància», de fet, la llengua materna, la que s'incorpora en el ventre matern. I aquesta petita criatura que ha de venir ja està habitada per tal o tal altra llengua, misteriosament transmesa per una memòria ancestral de la qual un dia, la crida, la redescoberta, el retrobament, la faran néixer en si mateixa fins a unes dimensions insospitades. Una llengua natal que li revelarà

una interioritat, una inspiració, un alè: la llengua de l'ànima, inalienable.

D. Quan traduïa el teu *Traduir com transhumar,* Mireille, era conscient que el francès de què traduïa no era el que es podria dir una llengua oficial. Era una llengua que tenia un aire amarat de maneres diferents de dir que jo no era capaç de localitzar però que em semblaven procedents d'altres mons.

M. La teva expressió «llengua oficial» em fa pensar en Tahar Ben Jelloun quan parlava del «francès acadèmic» en oposició al «francès mestissat», ric de parlars, de les llengües on es va formar. És aquesta expressió inspirada de Tahar Ben Jelloun amb què he caracteritzat el francès, «un francès mestissat», en el qual vaig traduir l'obra de l'antropòloga Eugénie Goldstern, escrita en una llengua alemanya, ella mateixa integrada per totes les llengües i cultures que la teixeixen: polonès, rus, hebreu, i aquest alemany «supranacional», com en deia Imre Kertesz, que era de l'Europa central.

De totes les traduccions teves que he llegit (Virginia Woolf, Fred Uhlmann, Elizabeth Barrett Browning), no podria dir mai que la teva llengua és «oficial», perquè agafa tots els camins alternatius que van a l'humà, a l'altre... La llengua de determinats escriptors anglòfons que has traduït, no és una llengua anglesa mestissada?

D. Suposo que podríem dir que totes les llengües són mestisses, que s'han anat fent al llarg dels anys i dels segles amb influències de part de fora, de pertot. Aventuraria que el català té la sort de no haver tingut una història d'oficialitat política, militar, etc. Recordo ara com em va xocar el canvi d'idioma quan llegia, molts anys després de ser escrites, unes cartes que el meu pare havia enviat a la meva mare des de la presó en temps de la guerra civil, quan de cop el van obligar a escriure-les en castellà: va passar d'escriure un idioma familiar i proper a ser una persona totalment diferent que escrivia en un castellà «oficial» i ranci com de butlletí oficial de l'estat.

No tinc gaire clar què seria un català oficial, tot i que la qüestió de la llengua (especialment

en traducció) sempre ha estat molt polèmica a casa nostra, i, quan vaig començar a traduir, el «model de llengua» era el cavall de batalla de la professió. Més difícil se'm fa parlar d'un anglès oficial o no. Crec que l'anglès d'Alice Munro, per exemple, és molt diferent del de Virginia Woolf o del de J. M. Coetzee, i ja no diguem del d'Ali Smith. Fent meves les paraules que li vaig sentir dir a Agnès Desarthe, quan tradueixo no penso en l'anglès com a llengua imperial sinó que em limito a bregar amb el *virginiawoolfenc*, el *ralphellisonenc*, l'*alicemunrenc*, etc. De vegades em pregunto si el que traduïm en realitat és la llengua original o la sensibilitat de l'autor; no sé si llegint un text traduït, el lector pot tenir una besllum de la llengua original, de la manera com la fa servir l'autor; s'adonarà de la sensibilitat de la literatura de l'autor que li transmetran les paraules, potser percebrà alguna raresa en la manera de dir les coses, però no podrà saber com era la llengua de l'original, que de fet, per definició, ha desaparegut en la traducció.

Quan vaig començar a traduir Woolf em vaig veure totalment perduda: les paraules m'impres-

sionaven, la música que les unia m'encantava i em feia tirar endavant, llegia amb interès el trànsit de cada personatge, però no acabava d'entendre el temps de les seqüències. N'entenia totes les paraules, però no veia a què treia cap, tot plegat. A còpia de llegir, d'aprofundir en el text, en vaig anar traient l'entrellat, i, com més a fons furgava, més lluminós em semblava el significat que se'm manifestava. No havia constatat mai d'una manera tan clara que, com més esforç, més satisfacció. La precisió de les paraules que fa servir Woolf és tanta que de vegades tens l'experiència més excelsa que pot tenir un traductor literari, que és entreveure el moment en què neix (en què s'aconsegueix fer renéixer) la literatura en un text. Per dir-ho amb paraules de Biel Mesquida: «Cav i excav la llengua materna per trobar-hi una altra llengua: la literatura».

M. Sí, la qüestió de transferir aquestes particularitats (traces, estrats, elements...) de la llengua d'origen a la teva llengua de traducció. Penses que la qüestió es planteja diferent per a una llengua mestissa que per a una altra dita «oficial», o

més aviat és l'essència de la traducció, traduir la llengua de l'altre?

D. Tinc molt present la idea que exposa Maria Negroni: «Tot és traduïble tret de la llengua».

Un llibre i un autor que em van enfrontar a la dificultat de transmetre tot el que diu un text original va ser *Un home invisible,* de Ralph Ellison (*Invisible Man,* 1952) que narra la vida no gens fàcil d'un negre dels Estats Units a la primera meitat del segle XX. En la manera d'escriure de l'autor i de parlar dels personatges, hi ha molta presència dels ritmes de la música de jazz. Això era relativament fàcil de notar quan la llegia i l'anava traduint, de tan entrelligat que quedava el ritme amb la trama. De cop, però, vaig arribar a un paràgraf que no seguia ben bé el fil de la novel·la: el discurs d'un predicador que em va deixar absolutament fora de lloc. Gràcies a Google vaig saber que el discurs emulava la manera de parlar dels esclaus d'Oklahoma al segle XVIII i es referia a figures mítiques de la tradició oral africana d'aquests esclaus. Evidentment, això no es pot transmetre en la traducció... La tasca més

àrdua és transferir d'una llengua a l'altra la força expressiva del text. És evident que en aquest cas el lector català no pot saber que l'autor imita la manera de parlar dels esclaus del XVIII, però l'experiència que tindrà llegint aquest text serà d'una estranyesa molt similar a la del lector nord-americà de mitjan segle XX. Un dels plaers que s'experimenten traduint, sobretot quan són obres que fa temps que han estat escrites i la traducció els dona una nova vida en una altra llengua, és la sensació de fer renéixer un text, de buscar —i potser ser capaç de reproduir— l'estat d'ànim que va insuflar vida al text originalment.

M. Quina és la teva relació, Toni, amb la llengua catalana a propòsit de la traducció?

A. Jo gairebé no goso parlar de traducció davant vostre, que heu traduït tant, heu reflexionat sobre molts aspectes de la traducció i heu estat mestres per als qui comencen... Amb tot, com ja he dit abans, jo tradueixo per un doble sentit: per a mi mateix —per aprofundir millor en els poetes que m'agraden—, i aquesta tasca em fa conèixer

millor la meva pròpia llengua; i també perquè m'agrada contribuir a difondre la poesia que s'escriu en altres llengües, que vol dir altres sensibilitats, altres maneres de compartir la bellesa del món. (Crec que, tot traduint Chappuis o Renard, per exemple, he incorporat al meu català expressions que mai no hauria fet servir, fins i tot algun neologisme!)

D. De fet, també has contribuït a difondre la poesia editant-la. Forma part de la teva manera de viure escampant poesia, tant en català com traduïda. Ara recordo aquell poema de James Laughlin que encapçala l'edició del llibre que celebrava els trenta anys de Cafè Central i que defineix bastant la teva relació amb la poesia:

> *Tot ha estat molt ben escrit*
> *per escriptors millors que jo,*
> *i el que ells van escriure*
> *a mi m'ha fet feliç.*

A. La poesia parla de la bellesa i de la veritat, però també pot i ha de parlar, amb una passió i

profunditat poètica iguals, dels temes escabrosos de la vida humana: la guerra, el terror, la marginació, etc. La poesia ha de ser *l'eau qui coule pour consoler*, com escriví Supervielle. I crec que tinc el deure de contribuir a fer que aquesta aigua flueixi per consolar tant de dolor com hi ha al món. (Ja sé que pot semblar naïf expressar-ho així, però ara no em surt cap altra manera per dir-ho...)

Com ja he explicat abans, quan era jovenet vivia en una ciutat on el català estava perseguit, però, per a mi, aquesta era una llengua fiable, mentre que l'espanyol era una imposició, el llenguatge de la policia, dels funcionaris... Segurament la feblesa del català em va esperonar a estimar-lo i a fer-lo part de la meva identitat: les llengües fortes, segures, sempre ho són perquè s'han imposat per la força.

Jo he mirat de *transportar* al català les emocions i les paraules dels poetes que he traduït, però també, i sobretot, el ritme, la música, el to... Tot allò invisible que confereix el sentit pregon de la diferència de les llengües.

Hi ha moltes coses que jo desconeixia, abans de traduir, però cada autor m'ha fet una mena de

picada d'ullet, una vegada més, com si mentre els tradueixo estiguessin darrere meu, ajudant-me, no pas fiscalitzant!

D'altra banda, recórrer la història de la llengua catalana és transitar per un veritable camp de mines, pel qual els catalanoparlants han hagut de fer, històricament, veritables equilibris perquè la llengua sobrevisqués. És apassionant un personatge com mossèn Alcover, que va llançar els grans ponts per a la unitat de la llengua recorrent tots els territoris (Catalunya, les Illes Balears, el País Valencià), a finals del segle XIX, amb un ase que transportava una calaixera amb les fitxes que ell anava escrivint…

D. En va fer un diccionari extraordinari, de deu volums, farcit d'anècdotes, refranys, etimologies... De molt jove vaig treballar en un despatx on la meva feina consistia únicament a redactar cartes en català i, com que tenia moltes estones lliures i tenia a mà el diccionari Alcover-Moll, em vaig dedicar a llegir-me'l de cap a peus. Era tan emocionant anar descobrint paraules i tot el que amagaven! Va ser una preparació inesperada per a la

feina de traductora que no començaria fins bastant més endavant, i és un diccionari (ara ja en línia) que no deixo de consultar a cada moment. És una de les joies que tenim en llengua catalana.

M. Suposo que pot tenir a veure amb la vostra relació amb la llengua la decisió de traduir ara d'una llengua petita com el romanx...

D. Sí, podríem dir que és una mena de solidaritat lingüística. A la biblioteca de la casa de traductors de la vora de Zúric que el Toni i jo gairebé considerem com una segona residència, un lloc que ens fa sentir com a casa, de fet, millor que a casa i tot —envoltats de camps, de cel i de l'aire més pur que coneixem—, ens entreteníem tot sovint mirant els llibres en romanx, la quarta llengua de Suïssa. Sense aprofundir-hi gaire, ens semblava que podíem entendre el que deia, que era la llengua «cosina del català» de què parlava Gabriel Mützenberg, i sempre dèiem que algun dia aprendríem la llengua per traduir alguna cosa, més com a idea impracticable que no pas com a realitat.

Però vet aquí que, per una sèrie de coincidències, una amiga ens va parlar del llibre d'una poeta romanx que viu a Catalunya i, quan vam conèixer la poeta, Jessica Zuan, i vam tenir el llibre a les mans, vam decidir traduir-lo, amb l'ajuda de les traduccions al francès i a l'alemany, i, sobretot, amb la col·laboració de la poeta, amb qui ens vam reunir diverses vegades per anar traient l'entrellat dels paranys dels poemes i de la llengua. Era la primera vegada que traduíem «en parella», i l'experiència va ser molt motivadora. Evidentment ens faltava el coneixement de la literatura romanx, en els seus diferents «idioms», i quan ho vam traduir ni tan sols havíem estat a la terra on es parla la llengua. Traduir d'una llengua de la qual no coneixes els antecedents, els registres, les maneres, etc., és molt rocambolesc, té alguna cosa de joc i de trencaclosques, però a poc a poc, i sobretot treballant amb la Jessica, vam anar trobant el camí per traduir una poesia molt fresca, gens allunyada de la nostra sensibilitat.

A. Vam publicar el volum *Stremblidas e s-chima* (*Tremolors i escuma*), que aplega tres llibres seus.

Per a nosaltres va ser una autèntica aventura intel·lectual entrar en el món literari de la llengua romanx. D'entrada, perquè vam descobrir que no és una sola llengua (una llengua minoritària i minoritzada, que parlen unes seixanta mil persones) sinó que està integrada per cinc «idioms», com en diuen, i després perquè malgrat que és llengua oficial a la Confederació Suïssa, sempre resta com una cosa residual. Ara, però, comença a haver-hi un renaixement: molts joves escriuen en la llengua pròpia, i no solament poesia, també novel·la i conte.

El treball amb la Jessica va ser fascinant, no solament perquè anàvem descobrint una llengua germana sinó perquè entràvem en una cultura que aviat vam començar a estimar. Ens va emocionar molt comprendre de quina manera la Jessica —que parla sis o set llengües— va retrobar en el romanx la casa on podia habitar amb la seva poesia. Per a ella, l'aproximació a la llengua romanx va ser una manera de trobar la seva pròpia identitat.

D. Em va agradar molt la resposta que va donar ella en una ocasió quan li van preguntar quina sensació li produïa haver estat traduïda al català, una llengua «perifèrica» com el romanx. Va dir que, per a ella, el romanx i el català eren dues llengües centrals, perquè eren les dues llengües que constituïen la seva vida personal i familiar.

Enfocar la llum

D. Dius, Toni, que només tradueixes poesia, però també has traduïda prosa. On diries que es troba la diferència, què canvia de la teva disposició i de la sensació del resultat?

A. He traduït prosa, quan m'ho han proposat i quan m'ha semblat que tenia interès la proposta, i l'he traduïda amb tot l'interès de què soc capaç. Vivim una època en què la distinció de gèneres ja no és gaire precisa. De fet, fa poc he acabat la traducció d'un clàssic del pensament teòric literari, *Què és un gènere literari*, de Jean-Marie Schaeffer, en què després d'analitzar les correnties genèriques des de Plató i Aristòtil fins als nostres dies, l'autor arriba a la conclusió que la pluralitat de les lògiques genèriques és irreductible. I prescriu: «D'ara endavant ja no podrem continuar fent

com si un text no fos, primer i abans que res, un acte de llenguatge, com si la teoria literària no tingués ja res a esperar de la filosofia».

D. Hi trobes algun retorn, però, en la traducció de la prosa?

A. Sí. M'agrada la baralla, diguem-ho així, amb la continuïtat del text que la prosa em posa al davant (i penso en Duras, en Quignard o en Cocteau). Un dels primers llibres que em van proposar de traduir —i que no era poesia— va ser *Pèl de panotxa*, de Jules Renard. Era, certament, un text deliciós, amb una escriptura meravellosa que anava molt més enllà de les escenes de la vida d'aquell brivall pigallat que passava comptes amb la família. Un luxe, poder treballar amb tan bon material! Després van venir els *Diaris* del mateix Renard (una selecció que jo mateix vaig fer). Una altra meravella: més d'un miler de pàgines, i un treball d'orfebreria traduir-ho. I no parlem de *Tel quel* de Valéry, que certament reunia tota la varietat de gèneres literaris: poesia, filosofia, assaig, ciència, narració, dietari...

D. La pregunta era què et sembla tan diferent de traduir poesia o prosa?

A. Parlem en termes generals, ja que cada llibre (sigui poesia, sigui prosa) és tot un món. Traduir poesia és un treball *discontinu*: cada poema (cada vers) és una peça especial d'una totalitat que és un llibre: cada poema (cada vers) n'és una peça angular, que dona el to i el toc del misteri poètic, l'esperit del conjunt. En la prosa hi ha una continuïtat molt intensa, que cal saber mantenir pàgina a pàgina, paràgraf a paràgraf. És una tasca de persistència.

Segurament em sento més interessat a traduir poesia que prosa. Vull dir, hi ha pocs traductors de poesia; són ocasionals: normalment, poetes que fan un o dos llibres, perquè els interessa un determinat autor. En canvi, hi ha una munió de traductors de prosa; segurament perquè és una feina més ben pagada o, curt i ras, pagada, i dona un cert prestigi.

D. Podríem dir que el que distingeix la poesia de la prosa és que la poesia és inseparable de la llengua

en què està escrita, de la textura i la música de la llengua. Per a mi aquesta és la diferència, no el misteri, perquè hi ha prosa molt misteriosa, i poètica, i també t'obliga a trobar la paraula justa.

A. Sí, és veritat. Però jo no parlaria de «poesia» o de «prosa» en termes generals... No és el mateix traduir Char que Prévert, o Proust que Martin du Gard, per posar exemples significatius de poetes i prosistes de gran volada, però el treball sobre Char és molt complicat, perquè sempre té aquell tint surrealista, enigmàtic, que fa que la traducció no sigui mai «directa»; en bescanvi, les llargues tirallongues de Prévert fan de més bon treballar. I no parlo de qualitat de l'un i l'altre. Traduir Proust és molt complicat, especialment perquè has de mantenir la tensió de la frase llarga, els matisos dels adjectius, i no et pots repenjar en les crosses de la narració, ja que l'acció és mínima... mentre que Martin du Gard és tot el contrari. I consti que no estableixo un criteri de valors.

Llegir (i traduir), quan ja se'n sap i s'hi està avesat, és un acte natural, automàtic. En primera lectura, no saps si el que llegeixes és poesia o

prosa (o segons quina mena d'assaig... Quignard, per exemple). Els mots et venen a raig, i tu «devores» aquell text amb una fam que no sadolles fins a arribar al punt final. I si el llibre és excel·lent, el fet d'acabar la lectura et fa venir més gana del mateix! La poesia és «pa de gana» (ho vaig escriure fa molts anys!). Per això, posar-se a traduir un bon llibre és un dels treballs literaris més qualificats que ens poden demanar.

Has de deduir què t'està dient, el poeta. I, sovint, les mateixes tècniques poètiques t'oculten el sentit. Per això crec que traduir poesia no és una tasca immediata. Recordo que en el primer llibre que vaig traduir de Nicole Brossard (*Installations*), me'n veia un bull, fins que, en un dels correus que ens vam creuar, ella em va dir que considerés cadascun dels poemes com una mena de peça d'una gran instal·lació d'art visual. Això em va obrir escletxes per on introduir-me en el contingut del llibre. També hi va haver la qüestió de la traducció de l'amor lèsbic: no podia fer servir els adjectius normals del català, i els vaig haver d'adaptar...

D. Per a mi, una de les diferències més grans que veig en la traducció de poesia és que normalment el vers és un resum, o una resolució, d'algun pensament del poeta i, per tant has de saber què volia dir, on era abans d'escriure'l i on volia anar a parar. Per traduir-ho ho has d'entendre i, com que l'objectiu de la poesia no és que s'entengui, sinó que produeixi l'efecte pretès, cal tenir un do una mica diferent que per traduir prosa. Sovint es diu que per traduir poesia s'ha de ser poeta. Segurament és millor ser-ho, però jo ho refinaria dient que per traduir poesia s'ha de ser lector de poesia, ser capaç de viure la poesia, com per traduir prosa cal ser lector de prosa. Jo he traduït poca poesia, i m'ha agradat molt lluitar amb la constricció que t'exigeix (sobretot quan he hagut de comptar síl·labes com en el cas dels sonets d'Elizabeth Barrett), però li he trobat un avantatge respecte a la prosa i és que no hi ha implicada tanta «gramàtica», que normalment les estructures sintàctiques són més essencials, menys envitricollades.

A. Hi estic d'acord: parlem de prosa o de poesia, que són, de fet, categories que els cànons i l'acadèmia imposen, tal vegada per simplificar i encasellar. A mi m'agrada parlar de textos, sense ganes de voler fer categories per distingir massa res… Hi ha molta prosa que és poesia, i a l'inrevés (sovint parlem de «prosa retallada» que es fa passar per poemes…). Moltes vegades no deixa de ser una prosa amb rima, que al capdavall no sol tenir gaire interès.

D. La conclusió, doncs, és que els gèneres existeixen però es barregen una mica.

A. No, no… En la literatura japonesa, per posar un exemple conegut, existeix una peça «poètica» que es diu *haibun*, que és un text escrit en prosa (s'entén, poètica) que acaba amb un haiku. Diríem que «barreja gèneres»… I també hi ha el poema en prosa, en el qual la narrativitat és una eina més de la poesia. El poema en prosa va néixer al segle XIX a França, i mostra una gran vitalitat, ara mateix…

D. Crec que *La senyora Dalloway* és pura poesia. No pretén explicar una història sinó crear una emoció.

A. «Crear una emoció»: acabes de definir la poesia.

D. Quan llegeixes en els seus diaris el que pretén fer amb cada obra que escriu, independentment del resultat, t'adones que el seu objectiu és poètic. El que vol és transmetre l'essència de la vida, de l'ésser humà. No li interessen els fets sinó la «reverberació», com diu ella. Quan pensa què vol que sigui *Cap al far,* per exemple, diu: «Se sentirà el mar durant tot el llibre»; a *La senyora Dalloway,* té previst «expressar la vida i la mort, el seny i la demència; vull fer una crítica del sistema social i ensenyar el seu funcionament en els moments de màxima intensitat... incorporar-hi tot el que he pensat a la vida»; a *Les ones,* «em sembla que començarà així: l'alba, les petxines a la platja, no ho sé; el cant del gall, potser del rossinyol; i després tots els nens a una taula llarga, a classe. No podria aconseguir que se sentissin

les ones, o els sorolls de la granja durant tot el llibre, alguns sons estranys irrellevants?». Quan saps tot el pensament i tota la previsió que hi ha darrere de les seves novel·les, tradueixes amb una atenció extrema a les paraules que han de provocar tot aquest efecte en el lector. És apassionant.

M. Escoltant-te, sento la delicada sonoritat de la traducció (anava a dir de la creació, en català) dels *Sonets* d'Elizabeth Barrett Browning, i al mateix temps, el ritme, la musicalitat, els matisos ínfims i les imatges subtils, en una paraula, la «poesia» que fascina, que encisa.

A. Em sembla que no es tracta tant de poesia versus prosa com de la qüestió nuclear de l'escriptura en ella mateixa.

M: Sí... Aquesta «qüestió nuclear de l'escriptura en ella mateixa» la vaig rebre de ple com una fuetada quan vaig anar a anunciar a Isaac Chiva el meu projecte de traduir l'obra d'Eugenie Goldstern, etnòloga de l'arc alpí. Aquest antropòleg eminent, d'origen romanès, amic de Paul Celan, va acollir

el meu projecte amb les paraules: «Vostè ocupi's del que coneix, ocupi's de la poesia, això no hi té res a veure». Me'n vaig anar pensant: però justament, no hi ha res més a prop de l'essència de la poesia que aquesta exigència del mot just que habita tot el treball, tot l'enfocament d'Eugenie Goldstern, el treball sobre el terreny i el treball d'escriptura, el més a prop possible dels abismes de la història, al cor de les coses, refugi i font de la vida de cada dia… Així, en el seu *Estudi de les joguines primitives* que tenien els nens de les altes valls suïsses el 1919-1920: una breu enumeració à la *Prevert* com a il·lustració d'aquesta inquietud vigilant del mot just i del detall ínfim. Sobretot si es vol respectar la idea que a cadascun d'aquests termes correspon una petita joguina, un món de somnis… Va ser un veterinari qui em va ajudar a posar un nom a cadascun dels petits ossos tan meticulosament anomenats, descrits, dibuixats, fotografiats per Eugenie Goldstern: falange distal de la galotxa, falange proximal, metatars, suspensor del taló, apòfisi transversa, apòfisi espinosa, metacarp i astràgal... I tots aquests ajustaments dels matisos entre osca, entalla, esmotxadura...

També hi ha aquelles paraules, eines sintàctiques minúscules, que amb un rigor extrem condueixen a la mirada i la reflexió més enllà de totes les fronteres espacials i temporals, fins a un univers dels gestos, dels imaginaris, dels rituals…

A. Es pot escriure en poesia, en prosa o en clau d'assaig amb una transparència tal que tot sigui evident, explícit, comunicació directa i immediata. Però segurament s'ha oblidat que la literatura és, sobretot, un afer de llengua, de llenguatge, d'exploració del llenguatge, de recerca de noves formes d'expressió. No crec que valgui, escriure «com si» fóssim al segle XIX. Han passat massa coses (revoltes) en l'àmbit històric i literari per oblidar que s'han esdevingut.

M. Pensant en les traduccions teves que he llegit, Dolors (de Virginia Woolf, d'Elizabeth Barrett, de Fred Uhlman) et voldria demanar si aquestes «noves formes d'expressió» no són per a tu dobles, podríem dir. Per una banda innovadores, creadores, amb relació a l'original, i per altra banda innovadores, creadores amb relació a la llengua catalana.

D. Sí, és clar. En el fons és el sentit de la traducció, mirar de provocar el mateix efecte de l'original amb totes les eines que tinguis a l'abast. Se'm fa difícil veure des de dins, quan estic traduint, amb tota la càrrega de dubte que m'envolta, la capacitat de creació de la llengua, perquè intento tant com puc afaiçonar la llengua, la llengua que conec per tradició i per experiència vital i lectora, i adaptar-la a la manera d'expressar-se de l'original, però sí que és veritat que un cop allunyada de l'original, quan temps després llegeixo fragments d'alguna traducció, m'emociona veure girs, expressions i maneres que podria qualificar d'innovadores, o si més no, que més enllà de les paraules es reflecteix una manera nova.

A. És la qüestió de la creativitat, el que és nuclear en la literatura; en cas contrari, estaríem parlant de periodisme o de didàctica. I sigui quin sigui el text literari que tradueixes, sempre estàs creant, estàs tornant a escriure un text que ja existia, però gràcies al teu treball, tu com a traductor en generaràs un de nou. Perquè el text literari gairebé sempre té parts d'obscuritat i la tasca del traductor

és enfocar-hi la llum. Traduir és fer desaparèixer el text original i fer-ne aparèixer un altre de nou, una mica com la feina del màgic!

M. Sí, «fer-ne aparèixer un altre de nou», aquesta part de creació en el treball del traductor revela de vegades els estrats ocults en la llengua original. Reiner Kunze, per exemple, durant set anys, a l'altra banda i contra tots els avatars de la història, va traduir i comentar d'una manera lluminosa l'obra poètica del gran poeta Jan Skácel, de Moràvia, i explica que un dia, un dia memorable, li va fer el compliment més sublim: «Això jo no hauria arribat mai a dir-ho així».

I també, en aquest tresor que és per a mi l'antologia dels meus poemes que la màgia de la teva traducció, Toni, ha fet catalans. A *La llàntia de l'espera*, hi ha aquest petit poema al poble de pedra i aquell jardí *emprunté* que tu has metamorfosat en jardí «encantat»: «el nostre jardí encantat», i, mira, llegint aquesta metamorfosi, per la màgia de la traducció, la teva escolta del més ínfim del mot, sento les paraules de Jaccottet en profunda afinitat: «És com si hi hagués una poesia amagada

en el món dels traductors». És la meravella d'aquest «encantat», l'essència de la poesia: fer el món habitable, i a això tu has respost de la manera més simple del món: «traduïm més enllà de les paraules».

D. És per això que la traducció planteja tants problemes, perquè anant més enllà de les paraules també et pots excedir; de vegades veus que és exactament allò el que tenia l'autor al cap encara que no ho hagi expressat verbalment, però sempre has de calibrar fins a quin punt pots interpretar.

M. Aquest «més enllà de les paraules» que tots dos expresseu, des d'horitzons alhora tan propers i tan allunyats de les vostres obres de traducció, m'evoca la resposta que em va donar un dia Aharon Appelfeld, al Memorial de la Xoà celebrant els seus vuitanta anys: «Jo tradueixo d'una llengua interior que no tinc».

D. Precisament quan vaig llegir per primera vegada *Traduire comme transhumer*, em vaig veure

transportada a una literatura de la qual sempre m'he sentit molt a prop, la d'Appelfeld, Kertesz, Canetti i altres centreeuropeus, que reflecteix un humanisme que tots compartiu. No sé si aquest humanisme pot ser producte de la barreja de llengües de les famílies jueves del centre d'Europa, de les diferents visions del món que procura cada llengua familiar i que a l'hora d'escriure fa prendre consciència de la vulnerabilitat de la llengua en què s'escriu. En aquest aspecte de la llengua, em va impressionar molt el llibre d'Appelfeld que em vas recomanar, *Le garçon qui voulait dormir*, on explica que només quan dormia era capaç de recordar la llengua que parlava amb els seus pares i que va aprendre l'hebreu i el va convertir en la seva llengua pròpia copiant paraula a paraula la Bíblia, tot explicat amb una tendresa commovedora.

Hi ha llibres que es queden amb tu tota la vida. Quan els llegeixes, t'emocionen; quan els tradueixes, els penses i els repenses fins a arribar a trobar tot el que hi ha més enllà de les paraules i fins que acaben formant part del teu pensament. Hi havia moments, quan treballava en el teu llibre

(el nostre, de fet!), que em semblava que trobava dins meu les paraules com si les hagués pensades jo i l'original les ratifiqués. De vegades diem que tal llibre o tal altre ens ha canviat la vida; jo tinc la impressió que *Traduir com transhumar,* i haver-te conegut, Mireille, m'ha donat una perspectiva molt més profunda de la traducció i m'ha transmès l'esperança d'un humanisme reconfortant.

Dius que la traducció al català del teu llibre t'ha emocionat més que altres traduccions (a l'anglès, a l'italià, etc.). M'agradaria saber la diferent sensació que t'ha produït la traducció a cada idioma.

M. Oh!, com us reconec en aquest llibre a tots: donar la paraula, tots vosaltres i el vostre gest, *Gestus,* diria Brecht, que mostra i diu la vostra vocació. Traduïu per donar la paraula a l'altre —escoltant-lo, on és, des d'on ens parla—, revisant les traduccions del llibre a altres idiomes potser podré respondre millor la teva pregunta.

La traduzione come transumanza: Claude Cazalé Bérard, de mare italiana, viu entre París i Roma. És una especialista erudita i una apassionada

de Boccaccio. En un marc llatí rigorós, la seva traducció està teixida amb sons, accents i coloracions del toscà original i, si escoltes amb atenció, potser arribaràs a percebre el ressò dels esquellots.

Translation as transhumance: A la força d'arrel de la llengua anglesa de Ros Schwartz i l'impuls per arrelar tant en una editorial de Londres com de Nova York, si us hi fixeu bé, percebreu, potser, aquí i allà, matisos, rastres, reflexos gairebé intangibles de les seves terres llunyanes de memòria.

Traducir como trashumar: El delicat i intens Ariel Dilon, traductor al castellà d'Artaud, Jarry, Michaux, i molts altres; així vaig rebre aquest missatge des de Buenos Aires on viu: «Traduint el teu llibre [...] a vegades tinc la impressió de parlar amb la meva família, amb els avantpassats d'Herminia, la meva mare, a Varsòvia o Nadarzyn, els dels meus avis paterns a Vílnius o Iedvavno».

Übersetzen als weiterziehen: Horror d'aquesta traducció a l'alemany! La clau del títol la dona el professor Walter Schmitz al final del seu epíleg: «Continuar el camí» cap a «aquells espais on la humanitat dels humans encara és present». El projecte d'aquesta edició alemanya neix a Greiz:

carbó, ciutats mineres i lloc de naixement de Reiner Kunze. Quan vaig obrir el llibre, a Passau, a casa de Reiner Kunze, doble desastre: imagina't!, en comptes de buscar el text original dels poemes en alemany, inclosos els de Kunze, els dos traductors simplement els havien retraduït del francès a l'alemany! L'irreparable estava fet! Reiner Kunze va exigir que el llibre fos immediatament retirat de la circulació i corregit, i avui, mentre fullejava aquestes pàgines desafortunades, m'he trobat somiant les paraules de l'alemany de la infantesa amb què Aharon Appelfeld l'hauria pogut encisar.

Traduir com transhumar: És exactament aquest encís, el que em dona la teva traducció, en cadascuna de les teves paraules, però alguna cosa més enllà de la llengua. Sí, el nostre llenguatge comú. En cadascun dels teus mots catalans, sento les paraules de la llengua de l'ànima d'Appelfeld. Potser, com em vas escriure un dia: «Amb aquest llibre, i tot el que conté, tinc la impressió que el que he traduït no és francès sinó una cosa més enllà de la llengua. Sí, la nostra llengua comuna». Allà es diu tot: la generositat, l'hospitalitat de la teva

ànima com a traductora, la teva escolta a l'extrem, de l'altre en la seva alteritat; l'empatia i la sensibilitat de la teva meravellosa llengua catalana, minoritària, amenaçada, acollint la teva escriptura, amb la qual escoltes, alleuges la part de patiment... i el de Nelly Sachs.

D. És bonic sentir-te dir tot això, és clar! I tu, Toni, quina sensació t'ha fet quan t'han traduït?

A. A mi, el fet de *ser traduït* sempre m'ha semblat una experiència fascinant, perquè en aquest procés es posa en qüestió l'escriptura mateixa. El traductor demana per què hi ha tal adjectiu, tal temps verbal, què hi fa aquesta coma allí... i pot ser que es tracti d'un llibre que vas escriure fa quinze anys, i no tens a mà cap recurs per poder donar una explicació plausible...

I cal considerar que, segons la llengua a què ets traduït, és difícil aportar res a la traducció. Quan revises la traducció d'una obra teva a una llengua en la qual tens una certa competència, t'adones que potser hi havia alternatives que haurien estat més afortunades, i voldries rectificar l'original,

però ja no és possible fer-ho. I aleshores estudies amb el traductor com podries millorar —en la traducció— allò que no era el més adequat.

El segon cas és la traducció a una llengua que coneixes una mica, però no suficient. Tanmateix, els coneixements de la llengua d'arribada, per bé que no siguin molt complets, sempre seran una guia per fidelitzar la traducció. Sempre, però, cal deixar al traductor la iniciativa, i fer-li confiança absoluta.

El cas extrem és quan ets traduït a una llengua complexa o inaccessible per a tu mateix. En el meu cas, ha estat la traducció al polonès, a l'àrab o al xinès. El joc de solucions que hi havia per a cada problema era tan obert que jo preferia que fos el traductor qui, en cada cas, triés la proposta que li semblés més favorable.

Per exemple, en la meva poesia, com sabeu, apareix sovint el mot, el concepte «silenci». Doncs bé, mentre repassava la traducció amb la traductora polonesa, anaven sortint dubtes, fins que vaig arribar a comprendre que, en polonès, hi ha tres mots per referir-se al silenci: *Cisza* (que usaríem per referir-nos a un silenci ambiental en

què no se sent res); *Milczenie* (quan es fa el silenci entre dues o més persones: és a dir, no es parlen, però estan juntes); *Cicho*, quan s'ordena que es calli, que es faci el silenci. Naturalment, les fronteres entre l'un i altre mot són molt imprecises, molt tènues. I jo em sentia incapaç de dir, en cada ocasió en el meu llibre de poemes *L'arquitectura de la llum*, quin era el més adequat.

En qualsevol cas, però, ser traduït et dona molta perspectiva sobre el que has escrit i et converteix en un hermeneuta de la teva pròpia poesia…

D. Recordo que va ser molt interessant la traducció que va fer Denise Desautels de *L'arquitectura de la llum*, que a part d'algunes reunions, va anar acompanyada de molts correus i de moltes discussions sobre com adaptar el que tu deies a la tradició francesa (o quebequesa, podríem dir en aquest cas). Podries posar-nos-en algun exemple...

A. Sí, ja fa més de dotze anys que Denise Desautels va traduir al francès el llibre *L'arquitectura de la llum*. Gràcies a les noves tecnologies (correu electrònic, sessions de FaceTime, WhatsApp,

etc.), la nostra interrelació va ser continuada durant els dos anys del procés de girar al francès els poemes catalans. A mesura que el treball progressava, veia que m'acarava a qüestions, dubtes, paranys, que mai no m'havia plantejat quan escrivia el llibre, i que aquelles vacil·lacions que anaven sorgint em semblaven finestres que se m'obrien per aclarir el sentit dels meus propis poemes. Sovint, en les discussions transatlàntiques, m'aturava per reflexionar sobre sentits nous, insospitats, que brollaven del poema i que il·luminaven la foscor de la meva nit. Cal que digui que, a part l'amistat que ens uneix —cosa que feia que ella volgués fer un treball minuciós, impecable—, la seva meticulositat i rigor, havent estat professora de llengua francesa durant un munt d'anys, es feia palesa a cada pas que donàvem. «Aquest mot, en francès, no serveix; almenys en aquest poema, etc.», deia sovint tot assenyalant el que no rutllava prou fi en determinats versos. La seva lectura i implicació en el llibre va ser tan gran que, quan la traducció ja estava enllestida, em va escriure un llarg text de reflexió sobre el llibre. Haig de dir que mai no havia trobat ningú que hagués llegit la

meva poesia amb tant rigor i justesa com Denise havia fet. Com a mostra, en copio un trosset, el final del text:

> Absolutament necessari tenir al teu costat aquesta comunitat d'artistes, pintors, músics, poetes que en saben molt, del dolor, i que has triat perquè t'acompanyessin per ajudar-te —i per ajudar-nos, perquè el teu «tu» va molt més enllà de tu mateix, i ens concerneix íntimament a tots i a totes— a travessar «aquesta nuvolada de silencis», «aquest no-res / que mires, que et mira», aquest «silenci agut» del «déu de silenci»; per permetre't, amb «un buit insondable a l'ànima», escriure en el darrer poema aquesta frase portadora d'una llum franca, sorprenentment tranquil·litzadora, per més que l'univers no tingui —i aquest és un fet irremeiable— déu ni cel: «El poema, la veu mateixa del poema, no punt final sinó obertura». Sublim manera de tornar a formular, avui, l'enlluernador «Cal imaginar Sísif feliç».

Un cop publicat el llibre, la sensació que em va produir va ser ambivalent; m'hi reconeixia, és clar: era el *batec*, la *seda*, el que havia dictat el discurs, el que ella havia copsat i reproduït en francès, però em semblava que havia estat una altra mà qui l'havia escrit. I era ben bé així!

Del resultat final jo en podia dir allò que Ungaretti va escriure a Jaccottet sobre les traduccions que aquest darrer li havia fet: «Milloren l'original». Una exageració, sens dubte; però, en el meu cas sovint penso que Ungaretti tenia raó! Tanmateix, els poemes de *L'architecture de la lumière* ja no em pertanyen: són de Denise Desautels. El llibre segueix sent una casa amb moltes habitacions, però el mobiliari ha canviat.

M. El febrer passat, amb Joan Sidney, la traductora dels Estats Units de *Maison d'âme* (Soul House), ens van convidar a una lectura-trobada a dos veus al Center for the Art of Translation (CAT) a San Francisco, una vetllada que jo vaig proposar que s'emplacés sota el signe de «l'hospitalitat». Els intercanvis que seguiren van ser tant més interessants perquè estaven en consonància amb els

plantejaments i els compromisos del CAT de treballar la traducció sobretot amb poblacions, especialment joves, de procedències, llengües, cultures, històries diferents... La traducció com a aprenentatge i consciència de les diferències i com a afirmació de la llengua i cultura pròpies. La traducció de Joan Sidney em va fer prendre consciència d'on, des d'on, de quina història de memòria personal m'estava traduint. Així, on jo havia escrit «aquests poemes migrants de totes les llengües, paraules de passador que cap frontera no podrà aturar» (el poeta com el barquer que porta d'una riba a l'altra), Joan Sidney va traduir: «Aquestes paraules passades de contraban»: el poeta contrabandista, traficant il·legal. I allà on jo havia escrit: «Casa natal, com diem de les nostres llengües natives», on néixer per a un mateix, Joan Sidney, partint de la seva història d'una família juevopolonesa de la qual van ser tots exterminats tret de la mare, que va poder fugir del seu país, va traduir-ho per: «Pàtria, com diem de la nostra llengua materna». Acollir com venint de lluny, de molt lluny, de tot un altre horitzó, les traces d'un camí completament diferent. Deixar-se

enriquir amb aquesta diferència de percepció, aquesta història diferent: potser aquesta és també l'hospitalitat de l'altre, la traducció de l'altre...

D. Hi estic molt d'acord. La traducció és un acte d'hospitalitat, un reconeixement tant de la dignitat com de la diferència de l'altre. No es tracta d'assimilar la llengua de l'altre, sinó de rebre-la amb atenció. En referència amb aquesta intervenció del traductor producte d'una interpretació en què està involucrada la vida pròpia, em sembla molt interessant el nou corrent de traductors (hauria de dir traductores, perquè és per part de dones nord-americanes com Mahdu Kaza, Sawako Nakayasu, Don Mee Choi, Susan Bernofsky i moltes altres amb antecedents familiars llunyans) que ha sorgit als EUA i que considera la traducció com una pràctica d'hospitalitat que reconeix que l'amfitrió també haurà de ser canviat per la trobada, és a dir, que té en compte la intersecció entre traducció, història personal i diferència cultural, i promou una incidència de la traducció en la política social. Suposo que és producte de la multiculturalitat, de la quantitat

de persones que tenen l'anglès no com a llengua materna però sí com a primera llengua i que tradueixen a l'anglès però amb una forta presència de la tradició de les seves llengües familiars. Em sembla que això amplia d'una manera encara incipient les possibilitats de la traducció. Per dir-ho amb paraules d'una d'elles, Mahdu Kaza, que té com a llengua familiar el tegulu (una llengua índia amb més parlants que l'italià, per exemple): «Sempre havia pensat en la traducció com una cosa d'americans blancs monolingües que estudiaven casualment alemany o japonès a la universitat. Em sorprenen les trajectòries confiades, progressives, relativament lineals d'aquestes històries. Encaixen amb idees de destresa, de perfecció. Per als immigrants que se senten exclosos de la traducció, la desobediència obre una manera de pensar més políticament sobre el dret a traduir des d'una posició de marginació i no simplement des de les posicions de domini legitimades». I continua: «Traduir és acostumar-te a equivocar-te, i a mi no em sembla que això sigui dissuasiu. A què vols ser fidel? A les normes de la cultura de traducció angloamericana? A l'estil i al

to del text original? A la sensibilitat de la cultura literària i el context al qual pertany? No hi ha una sola resposta. Qualsevol tria exigirà alguna forma de desobediència o supressió. M'interessa posar nom a la desobediència».

Aquests tipus d'argument m'atrauen i alhora m'interroguen. Des del lloc on he traduït jo sempre, dins d'una tradició antiga i podria dir que reclosa en el context català, on el que valorem principalment d'una traducció és el domini lingüístic, em costa pensar com totes aquestes reflexions poden arribar a canviar el món de la traducció, però em sembla apassionant pensar-hi i obrir el ventall d'influència de la traducció en la literatura pròpia de cada país i, per tant, en la literatura universal.

Epíleg
Traduir, una manera d'habitar el món

En un article publicat al *Diario de Barcelona* el 5 de desembre de 1901, «Traducciones», Joan Maragall sostenia que, per a traduir, cal «amor», en sintonia amb els ideals del Romanticisme alemany, del qual s'havia amarat: «Para que la traducción sea deleitosa y fecunda, [...] requiere un equilibrio de amor hacia la obra original y hacia la lengua a la que traducimos: queremos decir que no basta comprender muy bien con la inteligencia uno u otro idioma [...], sino que se necesita aquel amor que, tanto o más que entender, adivina el sentido ajeno y la expresión propia» (Maragall 1981: 166). Gairebé quaranta anys després, en plena Guerra Civil, Cèsar-August Jordana concloïa, en el seu famós assaig «L'art de traduir», que tot sovint, per transferir «el batec de la febre

poètica», cal anar més enllà dels mots, de les pautes lingüístiques i els preceptes estilístics i prosòdics, «més enllà de la ciència» (Jordana 1938: 370).

Amb matisos, Antoni Clapés, Mireille Gansel i Dolors Udina són hereus d'aquesta concepció «filosòfica» de la traducció, amb representants tan conspicus com Goethe, Schleiermacher, Walter Benjamin, Paul Valéry o Carles Riba, entre molts altres. Es tracta d'una tradició llarga i variada, que abasta èpoques i llocs ben diferents i que, en els vessants més especulatius, perviu fins avui dia.

D'ençà del tombant de segle, Antoni Clapés (Sabadell, 1948), poeta i editor reconegut, ha publicat vora una quarantena de traduccions de l'italià i, sobretot, del francès (moltes, del francès del Quebec) de poetes com ara Martine Audet, Nicole Brossard, René Char, Danielle Collobert, Denise Desautels, Mireille Gansel o Philippe Jaccottet (set títols): «un autor amb qui tinc molta afinitat, algú de qui quan llegeixo els poemes penso que m'hauria agradat haver-los escrit jo» (p. 48). També ha catalanitzat obres en prosa, com *Pèl de panotxa* (2015) i *Els burgesos són*

sempre els altres (del Diari 1887-1910) (2016), de Jules Renard, *La dificultat de ser* (2018), de Jean Cocteau, *La vida tranquil·la* (2018), de Marguerite Duras, o *Tal qual,* de Paul Valéry, un *tour de force* translatiu que li va valer el premi Crítica Serra d'Or de Traducció del 2021. El 2012, per *Tomba de Lou,* de Denise Desautels, va merèixer els premis Mots Passants de traducció i el Cavall Verd - Rafel Jaume de traducció de poesia.

Mireille Gansel (París, 1947), escriptora i traductora d'ascendència jueva —i de «llengua nòmada» (Manea 2008)— establerta en diversos països europeus, ha traduït al francès, des de l'alemany, la poesia de Reiner Kunze i Nelly Sachs, la correspondència de Paul Celan i Nelly Sachs i l'obra completa de l'antropòloga Eugenie Goldstern. Als anys setanta va aprendre vietnamita per confeccionar-ne una antologia de la poesia clàssica, a la recerca de «la pau a partir de la paraula» (Udina 2021: 10) enmig d'una conflagració imperialista. Aquest bagatge li va permetre escriure *Traduire comme transhumer* (2012), reescrit en català per Udina el 2021. És autora d'alguns llibres de poesia, una antologia dels quals, *La llàntia de*

l'espera, va ser traduïda per Clapés el 2021. Entre altres reconeixements, el 2011 va rebre el Grand Prix de Traduction Gérard de Nerval per *Un jour sur cette terre*, de Reiner Kunze, el 2018 l'Étienne Dolet de la Sorbonne per la trajectòria i el 2021 el premi Veu Lliure del PEN Català.

Dolors Udina (Barcelona, 1953) és autora de vora tres-centes traduccions, la majoria provinents de l'anglès i de narrativa contemporània cap al català. S'ha acarat a grans noms del cànon occidental: Hannah Arendt, Jane Austen, J. M. Coetzee, Robert Creeley, Emily Dickinson, Ralph Ellison, Nadine Gordimer, Graham Greene, Aldous Huxley, Toni Morrison, Alice Munro, Cynthia Ozick, Edgar Allan Poe, Jean Rhys, Ali Smith, John Steinbeck, Robert Louis Stevenson, J. R. R. Tolkien, Fred Uhlman, Jeanette Winterson o Virginia Woolf. Al mateix temps, ha estudiat les aportacions traductores d'alguns predecessors (Jordi Arbonès, Gabriel Ferrater, Maria-Mercè Marçal, Anna Murià, Josep Palau i Fabre...) i ha reflexionat a bastament sobre la traducció en articles, prefacis o epílegs, conferències, entrevistes... Ha estat reconeguda amb alguns guardons de la crítica i amb

la Creu de Sant Jordi (2018), el Premio Nacional a la Obra de un Traductor (2019) i el Premi Nacional de Cultura (2023).

Aquí, a *Les dues ales d'un ocell*, Antoni Clapés, Mireille Gansel i Dolors Udina parteixen de les seves experiències per bastir aquesta lluminosa «conversa a tres sobre la traducció»: Clapés, com a intèrpret de poesia propera a la que ell conrea; Gansel, com a recercadora d'una identitat —particular i col·lectiva— en l'obra d'altri, i Udina, com a traductora vocacional. Des de la convicció compartida que la traducció és vida i que la vida és traducció, reflexionen sobre què ha significat i què significa aquesta forma d'escriptura en les seves trajectòries. En la primera intervenció, Udina ja confessa que «Per a mi és difícil separar la traducció de la vida» (p. 11). Tots tres, de la traducció, n'han fet molt més que una professió o una afecció: hi atorguen un component personal d'(auto)coneixement intransferible. Per això, aquest diàleg és també una triple confessió vital i literària, una triple «història d'amor» (p. 15), unes memòries de tres intel·lectuals lliures i compromesos.

Sense un ordre predeterminat, rememoren els seus inicis com a torsimanys, per la qual cosa es remunten als orígens familiars, a la infantesa i als primers intents de dir en la llengua pròpia alguna cosa que els havia colpit en una altra. Cap no va seguir estudis de traducció, perquè encara no existien: com gairebé tots els traductors d'«abans», de fins fa quatre dies, són autodidactes. La seva formació s'ha basat en la lectura, en molts anys de llegir-ho «tot» (com el diccionari Alcover-Moll, de cap a cap, en el cas d'Udina).

Ressegueixen l'evolució de les seves carreres, tan diferents i, alhora, amb tantes complicitats —i tanta consideració mútua. S'entretenen en algunes reescriptures que els han marcat: Philippe Jaccottet a Antoni Clapés, Nelly Sachs a Mireille Gansel o Virginia Woolf a Dolors Udina. En comenten algunes dificultats concretes, el ventall de possibilitats que van considerar i les solucions per les quals van inclinar-se. Potser sense voler-ho, proporcionen principis i mètodes de traducció, recomanacions —no receptes— basades en la pràctica: el testimoni de tres maneres de treballar, que, naturalment, no són estàtiques, sinó que

canvien en funció del text d'origen, les motivacions o l'encàrrec, el lloc que presumiblement ha d'ocupar en la llengua d'arribada, etc.

La llengua —les llengües— és un dels grans focus d'interès dels interlocutors. Clapés i Udina tradueixen a una llengua mil·lenària i, a hores d'ara, minoritzada. Pertanyents a una tradició que (re)escriu amb «mires polítiques» (Benguerel 1974: 27), amb la seva obra ingent treballen per consolidar el català, per enfortir-lo i per atorgar-hi prestigi —el prestigi imponderable que prové de l'estrangeria. Les seves traduccions són també, decididament, un acte d'afirmació cultural, per tal com «la traducció no s'inscriu només en un espai lingüístic, sinó també afectiu» (Brossard 2017: 17). Així, sorgeix una afinitat entre llengües poc o molt minoritàries, com un intent de descolonització de la traducció: l'interès de Clapés pel «quebequès», variant del francès de la qual ha traduït una desena de llibres; o l'interès de Clapés i Udina pel romanx, del qual han portat al català *Tremolors i escuma* (2023), de Jessica Zuan. La immersió de Gansel en la cultura i la llengua vietnamita obeeix al mateix principi de «solidaritat

lingüística» (p. 113), com també la indagació en les arrels de l'alemany familiar, inoculat d'hongarès, txec i ídix: «Llengua de l'ànima. Llengua sense territori. Llengua salvada» (Gansel 2021: 24). En aquest terreny, els tres traductors palesen una poètica coincident: en algun moment de les seves vides, van conjurar-se per fer servir paraules «pròpies», sentides com a «autèntiques», interioritzades per l'experiència vital i literària —la seva «llengua de tribu i llengua de polis» (Mallafrè 1991)—, a fi i efecte de conferir vivesa, versemblança i veritat a tot el que escriuen.

Més enllà de l'exposició d'arguments al voltant del fet de traduir, *Les dues ales d'un ocell* és un llibre curull de judicis, percepcions i imatges brillants, que tot sovint depassen l'estricta esfera de la disciplina i són transferibles a la literatura o, simplement, a l'existència humana. L'exercici de la traducció és percebut com una passió vital, «una manera d'habitar el món» (p. 12), un viatge transformador, que de bon principi ja serveix per aprendre llengües i per llegir a fons. Qui el practica és tingut per un «passador», una mena de transportista observador i perspicaç, que no

tan sols fa de pont entre llengües, sinó també entre èpoques i entre civilitzacions, i que ha de ser conscient de per a quin espai i per a quin temps trasllada un text, per tal que pugui inserir-se en la cultura d'arribada i en pugui formar part, de bracet de la producció original. La traducció requereix grans dosis de generositat i d'humanisme per totes bandes: per part del traductor, com a diàleg «ètic» amb l'altre i reconeixement de l'alteritat (Berman 1999: 73-78) i, per part del poble receptor, com a manifestació d'«hospitalitat lingüística» (Ricoeur 2008: 30). En sintonia amb la desconstrucció derridiana, cada nova traducció concedeix una nova vida a l'obra traduïda, de manera que, com més traduccions, més vides tenen les obres originàries i disposen de més possibilitats d'integrar-se en el cabal de la literatura universal —la *Weltliteratur* goethiana—, especialment les que són escrites en llengües no hegemòniques.

D'esperit obert, curiós i receptiu, Antoni Clapés, Mireille Gansel i Dolors Udina han practicat i practiquen una «poètica col·laboradora» (p. 39) en les traduccions i en les creacions pròpies.

Aquest llibre, tan original en les nostres lletres, n'és una mostra bellíssima, inestimable.

Montserrat Bacardí

Referències

BENGUEREL, Xavier. *Relacions*. Barcelona: Selecta, 1974.

BERMAN, Antoine. *La traduction et la letrre ou l'auberge du lontain*. París: Seuil, 1999.

BROSSARD, Nicole. *I de sobre soc aquí a punt de refer el món*. Traducció d'Antoni Clapés. Mallorca / Barcelona: AdiA Edicions / Cafè Central, 2017.

GANSEL, Mireille. *Traduir com transhumar*. Traducció de Dolors Udina. Palma: Lleonard Muntaner, 2021.

JORDANA, C. A. «L'art de traduir». *Revista de Catalunya*, 88 (juliol 1938), p. 357-370.

MALLAFRÈ, Joaquim. *Llengua de tribu i llengua de polis: bases d'una traducció literària*. Barcelona: Quaderns Crema, 1991.

MANEA, Norman. *La llengua nòmada*. Traducció de Coral Romà i Garcia. Barcelona: Arcàdia, 2008.

MARAGALL, Joan. «Traducciones». Dins: *Obres completes*. Barcelona: Selecta, 1981, vol. II, p. 165-167.

RICOEUR, Paul. *Sobre traducció*. Traducció de Guillem Calaforra. València: Publicacions de la Universitat de València, 2008.

UDINA, Dolors. «Prefaci». Dins: GANSEL, Mireille. *La llàntia de l'espera. Antologia*. Traducció d'Antoni Clapés. Palma: Lleonard Muntaner, 2021, p. 7-12.

Traducció

Etimologia: del ll. *traductio, -ōnis*
'acció de passar d'un lloc a un altre'
1a font: s. XIV, Torcimany

[1] Acció de traduir i l'obra que en resulta. [2] Acció i resultat d'operar en un missatge un canvi de codi lingüístic, que implica conservar les equivalències semàntiques, estilístiques i intencionals de l'enunciat original.

El llenguatge vertebra el pensament i la forma com mirem el món. En aquesta col·lecció tractarem els temes més diversos i la seva relació íntima amb el sentit de les paraules. Donar importància a com diem i anomenem per entendre el nostre entorn i per reflexionar sobre com es manipulen les idees si no som conscients dels significats.

Els llibres de Cicló connecten i comuniquen idees de forma polifònica, des de la complexitat i el matís, per apropar-nos a un ús de la llengua més conscient i reapropiar-nos dels termes que es modelen i tergiversen a conveniència del discurs dominant o d'un sentit deformat.